A KOINONIA

Dados Internacionais de Catalogação na Publicação (CIP)
(Câmara Brasileira do Livro, SP, Brasil)

Nascimento, Flávia Carla
  A koinonia: um novo olhar para o ministério de catequista / Flávia Carla Nascimento, Leandro Francisco Pagnussat. – Petrópolis, RJ : Vozes, 2024.

  ISBN 978-85-326-6927-8

  1. Catecismo 2. Catequistas – Formação 3. Cristianismo 4. Comunhão I. Pagnussat, Leandro Francisco. II. Título.

24-223191   CDD-268.6

Índices para catálogo sistemático:
1. Catequese : Formação integral : Educação religiosa   268.6

Eliane de Freitas Leite – Bibliotecária – CRB 8/8415

FLÁVIA CARLA NASCIMENTO
LEANDRO FRANCISCO PAGNUSSAT

A KOINONIA
Um novo olhar para o ministério de catequista

EDITORA VOZES

Petrópolis

© 2024, Editora Vozes Ltda.
Rua Frei Luís, 100
25689-900 Petrópolis, RJ
www.vozes.com.br
Brasil

Todos os direitos reservados. Nenhuma parte desta obra poderá ser reproduzida ou transmitida por qualquer forma e/ou quaisquer meios (eletrônico ou mecânico, incluindo fotocópia e gravação) ou arquivada em qualquer sistema ou banco de dados sem permissão escrita da editora.

CONSELHO EDITORIAL

Diretor
Volney J. Berkenbrock

Editores
Aline dos Santos Carneiro
Edrian Josué Pasini
Marilac Loraine Oleniki
Welder Lancieri Marchini

Conselheiros
Elói Dionísio Piva
Francisco Morás
Gilberto Gonçalves Garcia
Ludovico Garmus
Teobaldo Heidemann

Secretário executivo
Leonardo A.R.T. dos Santos

PRODUÇÃO EDITORIAL

Aline L.R. de Barros
Jailson Scota
Marcelo Telles
Mirela de Oliveira
Natália França
Otaviano M. Cunha
Priscilla A.F. Alves
Rafael de Oliveira
Samuel Rezende
Vanessa Luz
Verônica M. Guedes

Editoração: A.J.P.
Diagramação: Editora Vozes
Revisão gráfica: Jhary Artiolli
Capa: Lara Gomes

ISBN 978-85-326-6927-8

Este livro foi composto e impresso pela Editora Vozes Ltda.

Sumário

Siglas, 7
Prefácio, 9
Apresentação, 13
Palavra dos autores, 17
Introdução – koinonia, 19

Capítulo 1
A dimensão comunitária do ministério de catequista, 23

1. A comunidade cristã, 24

1.1. A inspiração que vem da comunidade das origens, 24

1.2. A comunidade cristã a partir do Concílio Vaticano II, 26

1.3. A comunidade cristã: origem, lugar e meta da catequese, 29

2. Maria de Nazaré, o rosto peregrino de Deus: modelo de catequista, 31

2.1. Maria participa da comunidade dos discípulos de Jesus, 31

2.2. Maria é modelo de comunidade eclesial peregrina, em saída, 32

2.3. Maria, modelo de uma comunidade que gera vida e que escuta, 34

3. Elementos de inspiração para o exercício do ministério de catequista, 35

3.1. O catequista: uma vocação gerada no seio da comunidade, 35

3.2. A vocação do catequista: gerar vida na comunidade eclesial e em cada pessoa, 37

3.3. O catequista: pessoa que gera comunhão, 38

4. Exercícios para aprofundar a reflexão sobre o ministério de catequista, 39

Capítulo 2
A dimensão antropológica do ministério de catequista, 45

1. O humano, destinatário da revelação, 46

1.1. A virada antropológica do Concílio Vaticano II, 46
1.2. O ser humano: presença de Deus no mundo, 50
1.3. Uma catequese centrada na interpretação dos sinais dos tempos, 51

2. Apóstolo André: a pessoa em trans-formação, 57

2.1. André, pessoa do encontro, 57
2.2. André, o homem formado pelo Espírito, 59
2.3. André, pessoa atenta aos sinais dos tempos, 61

3. Elementos de inspiração para o exercício do ministério de catequista, 62

3.1. O catequista, pessoa que sabe ler os sinais dos tempos, 62
3.2. O catequista, pessoa de profunda experiência e trans-formação, 64
3.3. O catequista, pessoa que promove a cultura do encontro, 65

4. Exercícios para aprofundar a reflexão sobre o ministério de catequista, 67

Capítulo 3
A dimensão vocacional do ministério de catequista, 71

1. Vocação e convocação, identidade e missão, 72

1.1. Vocação humana e vocação cristã, 72
1.2. Vocação do catequista: uma vocação enraizada no Batismo, 78
1.3. Vocação do catequista: chamado e formado para o discipulado missionário, 84

2. Nicodemos: pessoa chamada a nascer do Espírito, 87

2.1. A convocação que Jesus faz a Nicodemos, 87
2.2. Nicodemos: uma vocação chamada a nascer do Espírito, 90
2.3. Encontrar Jesus: uma vocação que nasce da força do seu Espírito, 91

3. Elementos de inspiração para o exercício do ministério de catequista, 94

3.1. Catequista: chamado pela força do Espírito, 94
3.2. Catequista: convocado pela Palavra de Jesus, 96
3.3. Vocação do catequista: colaborador do Espírito para gerar a comunidade dos seguidores de Jesus, 97

4. Exercícios para aprofundar o ministério de catequista, 99

Referências, 105

Siglas

AA	Decreto *Apostolicam Actuositatem*, sobre o apostolado dos leigos
AAS	*Acta Apostolicae Sedis*
AG	Decreto *Ad Gentes*, sobre a atividade missionária da Igreja
AM	Carta apostólica em forma de *motu proprio Antiquum Ministerium*, pela qual se institui o ministério de catequista
CD	Decreto *Christus Dominus*, sobre o múnus pastoral dos bispos na Igreja
ChL	Exortação apostólica pós-sinodal *Christifideles Laici*
ChV	Exortação apostólica pós-sinodal *Christus Vivit*, aos jovens e a todo o povo de Deus
CIgC	Catecismo da Igreja Católica
CNBB	Conferência Nacional dos Bispos do Brasil
CT	Exortação apostólica *Catechesi Tradendae*, sobre a catequese do nosso tempo
DAp	Documento de Aparecida
DC	Diretório para a Catequese 2020
DGC	Diretório Geral para a Catequese 1997
DM	Documento de Medellín
DNC	Diretório Nacional de Catequese
DP	Documento de Puebla
DV	Constituição dogmática *Dei Verbum*, sobre a revelação divina
EG	Exortação apostólica *Evangelii Gaudium*, sobre o anúncio do Evangelho no mundo atual
EN	Exortação apostólica *Evangelii Nuntiandi*, sobre a evangelização no mundo contemporâneo
FT	Carta encíclica *Fratelli Tutti* sobre a fraternidade e a amizade social
GE	Declaração *Gravissimum Educationis*, sobre a educação cristã
GS	Constituição pastoral *Gaudium et Spes*, sobre a Igreja no mundo atual
LG	Constituição dogmática *Lumen Gentium*, sobre a Igreja
MPD	Mensagem ao Povo de Deus
RM	Carta encíclica *Redemptoris Missio*, sobre a validade permanente do mandato missionário
VD	Exortação apostólica pós-sinodal *Verbum Domini*, sobre a Palavra de Deus na vida e na missão da Igreja

Prefácio

Em um mundo marcado por ambiguidades e compulsões, somos chamados a vencer a tentação de nos acomodarmos e precisamos evangelizar, anunciando que há um outro estilo de vida possível: o Reino de Deus.

Tudo o que fazemos e somos tem uma única razão: servir a Deus. Mas, como ele nos revelou ser Pai, somos necessariamente irmãos e, por isso, é inseparável uma evangelização com o senso de fraternidade. Sem pai não há irmãos; sem senso de irmandade, há orfandade. Amar a Deus e ao próximo é a síntese de nossa missão evangelizadora.

Diante dos apelos para distrair e anestesiar o sentido da vida e a ética, somos testemunhas do amor, sementes do Reino de Deus. Nossa missão é ajudar as pessoas a abrirem o coração para acolher uma realidade concreta, mas muitas vezes não percebida, da presença amorosa de Deus em suas vidas. Nossa missão é impedir que as pessoas se tornem de tal modo ocupadas que não consigam mais escutar e responder à voz de Cristo, que sempre nos interpela.

Para ser missionários, precisamos ser servidores, ministros. Da urgência evangelizadora nasceram os ministérios na Igreja. O termo "ministério" vem do latim *ministerium* e significa "serviço", e o termo *minister* ("ministro") significa "servidor". Desde as origens, o cristianismo conhece uma variedade de carismas e ministérios que o Espírito suscita na Igreja para o serviço do bem comum dos fiéis. Os ministérios são serviços que a Igreja reconhece ou institui para melhor atender às demandas da vida eclesial.

O verdadeiro "ministro" é Jesus Cristo, que "não veio para ser servido, mas para servir e dar a sua vida para resgatar a muitos" (Mt 20,28). Na origem dessa experiência está a prática de Jesus Cristo, o qual, ao fazer-se servo, realizou a redenção humana até sua morte na cruz e ressurreição dentre os mortos. Ele revelou que Deus é Pai, nos ama e nos quer como filhos. Este é o núcleo de todo serviço cristão: expressar o amor de Deus, que Jesus nos revelou em sua vida e em sua Páscoa.

Ser ministro significa sempre colocar o outro em primeiro lugar. Um servo jamais se coloca no centro, pois sua tarefa é servir a alguém. Assim se compreende o que disse Jesus: "Quem quiser ser o maior entre vós seja aquele que vos serve, e quem quiser ser o primeiro entre vós seja o escravo de todos. Pois o Filho do Homem não veio para ser servido, mas para servir e dar a vida em resgate por muitos" (Mc 10,42-45).

Na Igreja, há ministérios ordenados: diaconado, presbiterado e episcopado, pelos quais uma pessoa é configurada a Cristo como pastor e mestre, por meio de um sacramento especial: a Ordem. Há, contudo, outros ministérios instituídos, segundo o que São Paulo VI estabeleceu, em 1972, com o documento *Ministeria Quædam*, tratando de dois "ministérios instituídos", o do leitor e o do acólito, para ajudar a comunidade cristã em torno da Palavra (leitor) e em torno do altar (acólito). Esses ministérios são próprios de leigos, homens e mulheres – posição fortalecida pelo Papa Francisco quando publicou o *motu proprio Spiritus Domini*, em janeiro de 2021, e igualmente quando instituiu o ministério de catequista, por meio do *motu proprio Antiquum Ministerium*, em maio de 2021. Recorde-se que aquele que é instituído não passa ao estado clerical, mas recebe esse encargo oficial a partir da sua identidade de leigo ou leiga.

Os ministérios são exercidos em uma pluralidade de formas. Essa pluralidade é essencial, pois significa que a Igreja de Deus não se constrói somente pelos atos do ministro ordenado, mas também por serviços diversos, mais ou menos estáveis ou ocasionais, espontâneos ou reconhecidos.

Pe. Leandro Francisco Pagnussat e Flávia Carla Nascimento nos oferecem este texto sobre o ministério de catequista. Todos sabemos o quanto precisamos aprofundar e refletir sobre esse indispensável serviço de comunicação da fé em nossos dias. Agradecidos ao Papa Francisco por ter instituído o ministério, precisamos nos empenhar em não apressar nem impedir que essa riqueza ministerial faça crescer a consciência de que o Povo de Deus, a Igreja, tem múltiplas formas de servir ao Evangelho do Reino.

Este livro poderá nos ajudar a amadurecer para entender o quando a Iniciação à Vida Cristã precisa de vigor novo em todas as nossas comunidades, especialmente apoiando os catequistas e os catequizandos, buscando a participação de suas famílias e revitalizando a experiência eclesial na perspectiva de atender às novas perguntas que as novas gerações nos fazem.

Ser ministro catequista é evangelizar. O modo de Jesus evangelizar deve definir o modo dos seus seguidores realizarem a mesma tarefa em todos os tempos. Ele age sempre como aquele que serve, disposto a carregar os sofrimentos, os pecados e as incompreensões dos seus irmãos. Ele anuncia a Boa-nova do Reino aos pobres e aos pecadores. Ele chama todos à mudança de vida de acordo com o que Deus deseja para a humanidade. Ninguém fica excluído de sua mensagem. Ele não se deixa vencer pelo ódio ou pela violência.

A forma de Jesus evangelizar se caracteriza pela proximidade com todos, especialmente com aqueles que estão mais distantes e afastados. Ele vai buscar a ovelha perdida e faz festa quando a resgata (cf. Lc 15,3). Para poder agir assim, Jesus vai ao encontro das pessoas onde elas estão, desce aos lugares mais escuros da injustiça, da discriminação, da avareza, da apatia e onde a dor e o sofrimento chegam ao seu grau mais intenso. Ele ilumina com sua luz essas realidades.

Agradecemos o trabalho do Pe. Leandro e da Flávia e auguramos que este texto seja uma companhia para que cada leitor se sinta animado a servir ao Senhor, comunicando a fé como discípulo missionário.

Dom Leomar Antônio Brustolin
Arcebispo da Arquidiocese de Santa Maria e Presidente da
Comissão Episcopal para a Animação Bíblico-Catequética da CNBB

Apresentação

O belo livro de Flávia Carla Nascimento e Leandro Francisco Pagnussat trata de um tema muito sentido na época atual, que pode ser definido como a *terceira recepção* do Vaticano II: a formação dos ministérios e carismas em geral e do catequista em particular. Uma ministerialidade hoje reconhecida pelo Magistério, especialmente na interpretação do catequista como animador da comunidade.

Para entender a importância dessa questão, é útil lembrar que a figura e o papel eclesial do catequista são algo recente. Até o Vaticano II, de fato, a tarefa de *ensinar* oficialmente a fé era reservada ao bispo e ao pároco, não cabendo nem mesmo a outros presbíteros. A motivação repetidamente declarada baseava-se na natureza *magisterial* (doutrinal) da catequese (catecismo) em si. Essa era uma questão muito antiga, no período do *catecumenato antigo* essa tarefa cabia diretamente ao bispo.

Por isso, Pio X confirmou novamente em "seu" *Catecismo Maior* (1905) que "entre os membros que compõem a Igreja há uma distinção muito notável, porque há os que mandam e os que obedecem, os que ensinam e os que são ensinados" (n. 180; cf. todo o artigo; n. 180-191). A própria *Maximum illud* de Bento XV (30 nov. 1919), embora reconhecesse a existência de um problema de sujeitos e agentes missionários, reafirmava que "o missionário diligente não deve confiá-lo aos catequistas, mas [a explicação da doutrina cristã] deve guardá-lo para si mesmo como sua própria tarefa, de fato como a principal de suas obrigações" (*ad locum*). É por isso que não foi uma questão tranquila ter uma perspectiva *laical* da tarefa catequética aceita.

A *transformação* começou por motivos missionários; de fato, por um lado, a secularização progressiva, a descristianização e a desculturação do cristianismo nas Igrejas de *antiga* constituição eram agora evidentes. Além disso, a dificuldade de proclamação nos países das grandes religiões não podia mais ser ocultada. A *profecia* do Congresso Missionário Internacional de Edimburgo (1910), que afirmava que o fim do trabalho missionário estava próximo, *pois* em breve todo o mundo conhecido seria alcançado pelo Evangelho, foi considerada impossível. Essa consideração levou imediatamente à necessidade de ampliar a perspectiva ministerial.

A afirmação decisiva da participação dos leigos na missão da Igreja veio com a *Apostolicam Actuositatem* (18 nov. 1965), que afirmava que "a Igreja o exerce [o apostolado] por meio de todos os seus membros, naturalmente de maneiras diferentes; pois a vocação cristã é, por sua própria natureza, também uma vocação para o apostolado" (n. 2).

Os fundamentos dessa nova visão estão bem definidos na reconsideração teológica do Batismo nas principais constituições. A *Sacrosanctum Concilium* (4 dez. 1963) não oferece uma reconsideração profunda do significado do Batismo, permanecendo dentro da perspectiva salvífica, redentora e individual. Em vez disso, é a *Lumen Gentium* (21 nov. 1964) que amplia seu significado: o Batismo fundamenta o exercício do sacerdócio comum ao conferir carismas e ministérios (*LG*, n. 11-12). Essa visão *missionária* do Batismo é explicitada no capítulo IV, dedicado aos *leigos*. No n. 31, afirma-se que o Batismo incorpora a Cristo, constitui no Povo de Deus, por meio do qual todos "tornados participantes do múnus sacerdotal, profético e real de Cristo, cumprem, por sua vez, na Igreja e no mundo, a missão própria de todo o povo cristão"; uma perspectiva reafirmada pouco depois: "O apostolado dos leigos é, portanto, uma participação na missão salvífica da própria Igreja; a esse apostolado são todos destinados pelo próprio Senhor mediante o Batismo e a Confirmação" (n. 33).

Essa consideração passou por várias e progressivas modificações. O Vaticano II, que declarou que a missão é tarefa de todos os batizados, também afirmou que seu papel principal e sua tarefa específica deveriam ser limitados à *santificação* da vida social, bem ilustrada pela *Gaudium et Spes* (7 dez. 1965). Na missão *ad intra* da Igreja, no cuidado pastoral, elas estão envolvidas como colaboradoras do *clero* (ministério ordenado). A colaboração se desenvolveu especialmente na tarefa de *profecia*, anúncio e formação cristã. Essa visão se baseava na convicção elaborada na *Dei Verbum* (18 nov. 1965) de que "a compreensão cresce, tanto das coisas como das palavras transmitidas, seja através da contemplação e do estudo por parte dos crentes que as meditam em seus corações (cf. Lc 2,19.51), seja através da inteligência dada por uma experiência mais profunda das coisas espirituais, seja através da pregação daqueles que, por sucessão episcopal, receberam um carisma seguro da verdade" (n. 8).

A disponibilidade de catequistas aumentou imediatamente, mas não tanto a de animadores litúrgicos e de caridade. É possível verificar esse desenvolvimento nos vários *Anuários Pontifícios* (em 2023, havia aproximadamente 2.877.652 catequistas no serviço missionário). Infelizmente, a relação de *colaboração* logo se revelou difícil, o que muitas vezes se tornou um empobrecimento das comunidades. Isso explica as inovações próprias de nosso tempo e desejadas pelo Papa Francisco. Encontramos várias sugestões em seu magistério: os ministérios batismais devem ser reconhecidos tanto para homens quanto para mulheres; o catequista deve ser considerado um *ministério instituído* para todos os efeitos; o relacionamento entre clérigos e leigos deve ser pensado em termos de corresponsabilidade; o ministério pastoral deve rever as tarefas que todos os batizados podem realizar por meio de seus *carismas*. A *progressão* dos títulos dos documentos do recente Sínodo sobre a Sinodalidade (2021-2024) destaca toda essa reflexão e elaboração.

Entre as principais demandas apresentadas nas várias fases sinodais, está a exigência de revisar os caminhos e processos de formação dos batizados e dos vários ministérios (*Per una Chiesa sinodale. Comunhão, participação, missão. Instrumentum Laboris para a primeira sessão* [out. 2023], n. 59). Daí a importância do presente texto, que busca dar uma contribuição a essa necessidade de toda a Igreja.

Este é um primeiro volume, dedicado à *koinonia*, ao qual se seguirão outras dimensões e finalidades da formação: profecia, liturgia e diaconia; essas são as quatro dimensões básicas da ação pastoral. A *koinonia*, ou seja, o contexto no qual surge a vocação catequética e onde se realiza a sua formação; mas, acima de tudo, é a principal tarefa confiada ao *ministério* catequético hoje. De fato, está se tornando cada vez mais claro que, ao lado das tarefas tradicionais, o catequista de hoje é chamado a ser um catequista missionário, ou seja, um *animador de comunidade*. A relação entre o catequista e a comunidade está no centro dessa proposta de formação: o catequista nasce e é formado pela comunidade; ele realiza sua missão na comunidade; desenvolve as habilidades de mistagogo (formador) dos batizados, chamados, por sua vez, a se tornarem discípulos-missionários.

A vocação do catequista que nasce da comunidade, mencionada pelos autores no capítulo 1 como um dos elementos de inspiração para o exercício do ministério de catequista, "é gerada dentro da comunidade cristã. Embora a vocação e os dons sejam concedidos de modo pessoal, é na comunidade que eles são fortalecidos e ganham sentido. É na comunidade que o catequista faz a experiência da fé, porque 'ninguém deu a fé a si mesmo, assim como ninguém deu a vida a si mesmo. O crente recebeu a fé de outros e deve transmiti-la a outros' (CIgC, n. 166)".

Seguindo a rica tradição latino-americana e brasileira (*Documento final de Medellín*, 1968, capítulo VIII), os autores deste livro veem no centro da tarefa dos batizados a transformação da sociedade na leitura e no serviço dos sinais dos/para os tempos (cf. *GS*, n. 4, 11). Mas deixam claro que esse propósito pastoral é, antes de tudo, um propósito educativo; a catequese é chamada a se encarregar do primeiro momento mistagógico, deixando a tarefa do exercício da prática cristã para outras funções eclesiais.

Esses aspectos da tarefa comunitária do catequista-animador de comunidade foram desenvolvidos pelos dois autores em três etapas: a reelaboração teológica da comunidade, ou seja, a redefinição da finalidade comunitária da catequese; a compreensão antropológica dessa finalidade, porque, se a comunhão é certamente um dom divino, a comunidade se realiza por meio de processos antropológicos; e, por fim, aborda a dimensão vocacional própria do catequista chamado a realizar essa preciosa tarefa missionária. Cada capítulo é construído a partir de quatro passagens: duas dedicadas ao estudo aprofundado das dimensões identificadas como importantes; uma dedicada à releitura catequética; e, por fim, preciosos *Exercícios* que permitem a autoformação do leitor. A compreensão das passagens mais teóricas (as duas primeiras de cada capítulo) é auxiliada pela *narratividade* de três figuras bíblicas: Maria, o Apóstolo André e Nicodemos.

Agradeço aos autores por sua cooperação e espero que o livro seja bem recebido por catequistas e agentes pastorais. Mas especialmente pelos formadores dos ministérios batismais; antes de tudo, pelos presbíteros.

Luciano Meddi
Professor titular de Catequese Missionária
Pontifícia Universidade Urbaniana

Palavra dos autores

Caro leitor, a instituição do *ministério de catequista* por meio da carta apostólica em forma de *motu proprio Antiquum Ministerium* é um sinal para toda a Igreja de que a catequese está consolidada em uma perspectiva *missionária* como o coração da ação evangelizadora. A base desse documento, que institui o *ministério de catequista*, está em estreita sintonia com as opções eclesiológicas e pastorais do Concílio Vaticano II, assumidas diretamente pela *Evangelii Nuntiandi* (1975), do Papa Paulo VI, e ampliadas na exortação apostólica *Evangelii Gaudium* (2013), do Papa Francisco.

A decisão do Papa Francisco de instituir o *ministério de catequista* se dá dentro de um contexto de reflexão sobre a sinodalidade na Igreja e está motivada pela necessidade de retomar as intuições do Concílio Vaticano II e pela urgência em repensar a ministerialidade nas comunidades, cujo objetivo é convocar todos os batizados para um maior empenho e envolvimento com o Evangelho para a transformação do mundo. Relevando a sua importância, nos propomos a aprofundar o *ministério de catequista* a partir de um novo olhar. Para isso, nos dispomos a apresentar reflexões que se ancoram no modo como o Concílio propôs um esquema histórico-salvífico para a ação da Igreja *no mundo, para o mundo, a serviço do Reino de Deus* (cf. *GS*, n. 40) e que é identificado no esquema do tríplice ministério de Cristo como *sacerdote, profeta e rei* (cf. *LG*, n. 12-14) com o tríplice ministério da Igreja, que é *litúrgico, profético e régio-pastoral*.

Essa concepção histórico-salvífica foi interpretada pelo catequeta Emilio Alberich (1990, p. 17-38) e pelo pastoralista Casiano Floristán (2009, p. 175-182, 335-631) de uma forma quadripartida, na qual se apresenta a dinâmica que torna visível o Reino de Deus através do *agir* eclesial, cujas expressões são traduzidas em categorias bíblico--teológico-catequéticas, que são: *koinonia, profecia, leitourgia e diakonia*.

Na comunidade cristã, o Reino de Deus é *vivido* no sinal da *koinonia*, é *proclamado* no sinal da *profecia*, é *celebrado* no sinal da *leitourgia* e é *realizado* no sinal da *diakonia*. Em outras palavras, o catequista, mediante a vocação recebida nos sacramentos de iniciação, sobretudo no Batismo, com uma bela experiência de Igreja, participa da missão do Cristo por meio da comunhão e da pertença à comunidade cristã (*koinonia*), do rito e da celebração (*leitourgia*), do amor e do serviço fraterno (*diakonia*), do anúncio e do testemunho (*profecia*). Ele não fala em nome próprio, mas em nome da Igreja, na qual professa a fé e vive a experiência da pertença eclesial. Essas quatro expressões do ser e do agir da Igreja inspiram o aprofundamento das dimensões do *ministério de catequista*, e por isso nos dedicamos a propor este livro com a intenção de contribuir no processo formativo para o exercício da vocação e missão desse *ministério*.

Portanto, a elaboração deste livro tem como objetivo auxiliar no processo de formação e capacitação do catequista para o bom desempenho e exercício da sua vocação. Propomos a você, leitor, que, em contato com este livro, possa ir além de uma simples leitura, tendo como objetivo central o aprofundamento de cada um dos temas aqui propostos.

As estratégias de estudo desta obra podem ser compostas das seguintes dinâmicas: 1) *Individual*: passo a passo, até concluir cada capítulo com os exercícios propostos no final de cada um deles; sugerimos que, além do aspecto informativo e formativo, a leitura tenha um caráter espiritual, isto é, ajude-o na sua espiritualidade. 2) *Grupal*: o aprofundamento pode ser organizado em pequenos grupos, nos quais a interação de cada pessoa é de maior alcance; cada membro do grupo pode ser responsável por orientar uma das partes do capítulo; sendo assim, a obra pode ser lida de modo coletivo, com partilhas e acréscimos ao texto; nessa modalidade, o estudo também pode ser realizado online.

A reflexão proposta neste livro explora a *koinonia* e o faz em três capítulos estruturados a partir das dimensões que lhe são próprias, pertencentes a essa expressão eclesial. No primeiro capítulo, iremos aprofundar *a dimensão comunitária do ministério de catequista*; no segundo, *a dimensão antropológica do ministério de catequista*; por fim, no terceiro, *a dimensão vocacional do ministério de catequista*. Cada um dos capítulos foi elaborado em quatro partes. Na primeira parte, as reflexões sempre estão ancoradas em um documento de referência do Concílio Vaticano II e do magistério dos papas. Na segunda parte, a inspiração nos vem da Palavra de Deus a partir de uma pessoa bíblica que viveu sua profunda experiência com Jesus Cristo. Na terceira parte, trazemos os elementos de inspiração para a formação em função do *ministério de catequista*. Por fim, na quarta parte, apresentamos exercícios que auxiliarão no processo formativo do catequista. A primeira e a segunda parte dos capítulos foram elaboradas pelo Pe. Leandro Francisco Pagnussat; já a terceira e quarta parte ficaram a cargo de Flávia Carla Nascimento.

Desejamos a você, catequista-leitor, uma ótima leitura nesta jornada formativa para servir melhor a Deus e à Igreja.

Introdução

koinonia

O Concílio Vaticano II, ao definir a Igreja como Povo de Deus, afirmou que esse Povo messiânico é "constituído por Cristo em uma comunhão de vida, de caridade e de verdade" (*LG*, n. 9). Ao assumir a expressão *comunhão*, estabeleceu-se um novo estilo de *práxis cristã* e de seguimento. "O substantivo *communio* traduz o vocabulário grego *koinonia*, que equivale a participação, solidariedade, união ou comunhão. Estão em comunhão, e por conseguinte em comunidade, os que compartilham os mesmos bens e o mesmo serviço (*cum munus*)" (Floristán, 1999, p. 167). Isso significa *participação* em seu sentido pleno, porque *koinonia* é derivado abstrato de *koinonéo*, que é traduzido como *ter comunhão*. Também pode ser compreendido como *ter parte* e *dar parte*, isto é, comunhão (com qualquer um), por meio de uma (comum) *participação* (em qualquer coisa)[1].

Esse termo não só define a identidade da Igreja, mas o seu *modo operante*, porque, como estabeleceu o Concílio, ela é "comunidade de fé, de esperança e de caridade" (*LG*, n. 8), que possui a tarefa de tornar *visíveis* e *comunicar* o Evangelho e a Graça. Dessa forma, ela é constituída como "comunhão de vida, de caridade e de verdade" (*LG*, n. 9). Em uma perspectiva teológica, a *koinonia* eclesial é dom do Espírito (cf. *LG*, n. 4 e *AG*, n. 4), que tem a sua origem na Trindade, tornando-se seu reflexo (cf. *LG*, n. 2, 3, 4; *AG*, n. 2, 3, 4). Na expressão assumida pelo cardeal alemão Walter Kasper (1933-), a Igreja é também o ícone da comunhão trinitária do Pai, do Filho e do Espírito Santo (cf. Kasper, 1989, p. 382). Compreender a Igreja desse modo é, por sua vez, uma afirmação que precisa ser traduzida em sinais visíveis na experiência comunitária da fé.

---

1. O termo grego κοινωνία – substantivo feminino singular: At 2,42; Rm 15,26; 1Cor 1,9 (cf. Hainz, 2004, p. 63-69, 64-65).

Nisso, o Diretório Geral para a Catequese (DGC), de 1997, acolheu as intuições do Concílio e compreendeu que "a comunidade cristã é a realização histórica do dom da 'comunhão' (*koinonia*), que é um fruto do Espírito" (DGC, n. 253). Trata-se de um dom que redescobre a centralidade da *koinonia* no mistério da Igreja. Ela, na consideração do teólogo e bispo italiano Bruno Forte, (1949-) deve ser construída à imagem da Trindade, que é capaz, na sua ação evangelizadora, de promover nos batizados a capacidade de viver a *unidade* na *diversidade* (cf. Forte, 1984, p. 59). Esses são elementos essenciais constituintes das comunidades eclesiais.

Todavia, a nova eclesiologia apresentada pelo Concílio Vaticano II, ao definir a Igreja como *koinonia* (comunhão), deve, segundo o teólogo espanhol Casiano Floristán (1926-2006), compreender que a *comunidade cristã* necessita ser *real e plenamente comunidade de crentes*. Isso implica a pertença dos fiéis à comunhão eclesial, que, por sua vez, possui elementos invisíveis (graça, fé e caridade) e outros visíveis (profissão de fé, dimensão sacramental e ministérios) (cf. Floristán, 1999, p. 282). Com outras palavras, na definição da natureza da Igreja elaborada pelo teólogo canadense Jean-Marie Tillard (1927-2000), a *koinonia* compreende que ela é *comunhão de batizados* que se reúnem em comunidade pela força do Espírito Santo, a partir do Batismo recebido. Essa realidade de comunhão é a sua *essência* (cf. Tillard, 2005, p. 41). Nas palavras de São João Paulo II, "a eclesiologia de comunhão é a ideia central e fundamental dos documentos do Concílio Vaticano II" (*ChL*, n. 19).

"A palavra *koinonia* expressa a comunhão total dos crentes com Cristo em e pelo sinal sacramental" (Floristán, 1999, p. 284), que, por sua vez, não é praticada de maneira isolada ou individual, mas em *comunidade*, porque ela é a mediação entre Cristo e a pessoa humana. Por isso, "o termo *koinonia* também significa o ato de participar com os outros em uma mesma realidade" (Floristán, 1999, p. 285-286). Se, na Igreja nascente, a expressão *koinonia* é compreendida como comunhão íntima, isso significa que, hoje, um processo formativo cristão em vista do *ministério de catequista* requer fundamentalmente o *exercício da comunhão* para se desenvolver e alcançar seu objetivo. O que implica que a formação deverá ser planejada como um itinerário de *aprendizado* para a comunhão, como uma bela experiência de Igreja.

Reconsiderar a *koinonia* é também reconsiderar os processos formativos vividos no interior das comunidades cristãs, bem como seu desenvolvimento e a diversidade de carismas (cf. *AG*, n. 15). Uma das primeiras considerações é a importância das pequenas comunidades, nas quais as relações são vividas com uma maior intensidade e autenticidade, como expressou o Documento de Medellín (DM):

"A vivência da comunhão a que foi chamado, o cristão deve encontrá-la na 'comunidade de base': [...] que corresponda à realidade de um grupo homogêneo e que tenha uma dimensão tal que permita a convivência pessoal fraterna entre seus membros" (DM, doc. 14, n. 2). Essa concepção é assumida pela CNBB com a opção pelas comunidades eclesiais missionárias. Esse vai ser o *primeiro e fundamental núcleo eclesial*, que promove e se responsabiliza pela expansão da fé e pelo culto, que é sua expressão, a *célula inicial* da estrutura eclesial a serviço da promoção humana (cf. DM, doc. 15, n. 10).

As pequenas comunidades (comunidades eclesiais missionárias) são o ambiente propício para desenvolver o processo de formação cristã e o exercício da mistagogia. Conforme o catequeta espanhol Emilio Alberich (1933-2022), as pequenas comunidades evidenciam "a necessidade de realizar o conceito conciliar da Igreja como 'fraternidade', fazendo com que a igualdade e a mesma dignidade de todos os membros (*LG*, n. 32) prevaleçam sobre a distinção dos ofícios e ministérios" (Alberich, 1990, p. 56). As pequenas comunidades são espaços privilegiados onde seus membros vivem conforme a "vocação a que foram chamados e devem ser tais que nelas possam ser exercidas as funções a elas confiadas por Deus: sacerdotal, profética e régia. É desse modo que uma comunidade cristã se torna sinal da presença de Deus no mundo" (*AG*, n. 15).

Em conclusão, o Diretório para a Catequese afirma que a comunidade é o útero que gera (cf. DC, n. 133), faz nascer a *vocação*, possibilita o *crescimento*, inicia no *aprendizado*, *personaliza* a vida cristã e *educa* para o *exercício* da vida comunitária, sinal do Reino. É nesse lugar que a pessoa humana deverá encontrar espaço para o exercício da própria vocação. Se o mistério da Igreja é essencialmente comunhão, todos os batizados deveriam encontrar dentro dela o seu particular espaço para realizar plenamente a vocação pessoal, a fim de desenvolver a própria identidade cristã. Na perspectiva da formação em vista do *ministério de catequista*, é um espaço para o exercício da vocação à comunhão. Com isso, o catequista é chamado a ser pessoa de *comunhão*.

1

A dimensão comunitária do ministério de catequista

A comunidade cristã é antes de tudo uma comunidade humana. Ela é constituída de relações interpessoais. Nenhum ser humano consegue desenvolver-se bem sem relacionar-se com seus semelhantes. Aliás, o processo de aprendizado de uma pessoa acontece quando ela está em relação. Um dos fatores que contribuem para o aprendizado é a via do encontro. Uma comunidade humana cristã é formada em torno de um mesmo fundamento que a constitui: o encontro com o Senhor ressuscitado e o encontro fraterno com os irmãos e irmãs. Ela não é um amontoado de pessoas, mas sim um espaço para *participação, comunicação e corresponsabilidade*, dimensões que são promovidas pelo encontro. Em uma perspectiva antropológica, a compreensão de comunidade está ligada primeiramente à vida e à *experiência* realizada pelas pessoas.

Neste primeiro capítulo, realizaremos um percurso organizado em três momentos. No primeiro, aprofundaremos o sentido de comunidade cristã considerando três perspectivas: a bíblica, a do Concílio Vaticano II e a catequética. Em um segundo momento, iremos propor a reflexão a partir da Mãe de Jesus, Maria de Nazaré, a qual nos servirá de exemplo e modelo de discípula catequista em comunidade. Por fim, em um terceiro momento, elencaremos algumas atitudes concretas para que o catequista de nosso tempo, a partir dos elementos propostos, prepare-se para desempenhar com dedicação o ministério que a Igreja lhe confiará.

1. A comunidade cristã

Dentro do processo de acolhida do *ministério de catequista*, o *motu proprio Antiquum Ministerium* (*AM*) propõe revisitar a dinâmica das primeiras comunidades no início do cristianismo, que, com entusiasmo, dedicaram-se a fazer ou tornar o Evangelho conhecido. Nessa visita, sobretudo a partir das páginas do Livro dos Atos dos Apóstolos, encontramos o relato da comunidade de Jerusalém. Esse relato quer ser fonte de inspiração e estímulo para que as comunidades de hoje busquem elaborar um itinerário de seguimento a Jesus de Nazaré na fidelidade à sua Palavra, a fim de chegar ao coração e às necessidades de cada pessoa de nosso tempo (cf. *AM*, n. 2).

1.1. A inspiração que vem da comunidade das origens

As comunidades cristãs primitivas, como a comunidade de Jerusalém (cf. At 2,42-47), Antioquia (cf. At 13,1), Éfeso (cf. At 20,17), Corinto (cf. 1Cor 1,2; 2Cor 1,1), Galácia (cf. 1Cor 16,1) e Macedônia (cf. 2Cor 8,1), eram formadas por um grupo pequeno de pessoas que se encontravam nas casas. Lembremos que o cristianismo, no seu início, foi considerado uma seita e que aqueles que professavam publicamente a fé em Jesus Cristo eram perseguidos e mortos pelo Império Romano. Por não lhes ser possibilitado realizar publicamente o culto no templo, em um primeiro momento, a casa serviu de lugar para o *encontro* dos seguidores de Jesus. A casa está para além do espaço físico, pois ela oferece a sua *estrutura* organizativa que compõe a relação entre seus membros.

Lembremos ainda que os convertidos do judaísmo para o cristianismo traziam consigo os costumes da sua tradição familiar, na qual o processo de *transmissão da fé* era realizado em casa, com ritos próprios. Alguns desses ritos aconteciam ao redor da mesa. Dessa forma, a comunidade cristã nascente tem a *casa* como estrutura básica de sua organização, sendo compreendida como uma comunidade doméstica onde a *fraternidade* é sua característica principal. O termo *casa* significa lar, vivência, *convivência*. A comunidade cristã que vai nascendo após a ressurreição de Jesus é o lugar da *con-vivência* da fé que conduz ao exercício da fraternidade. É o lugar para viver juntos o mesmo seguimento a Jesus.

O Novo Testamento nos apresenta duas palavras para expressar o que significa a comunidade cristã: *ekklesia* e *koinonia*.

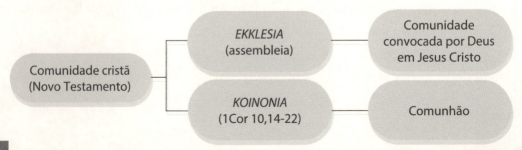

Observando o esquema, compreende-se que a comunidade cristã está associada ao termo *ekklesia* (assembleia), que significa *comunidade convocada por Deus em Jesus Cristo*, e que a palavra *koinonia* (1Cor 10,14-22) significa *comunhão*. Ao compreendermos a comunidade cristã a partir desses dois significados, podemos defini-la com estes termos: é *comunidade de cristãos que vivem a comunhão*. É o lugar onde os batizados podem exercer sua profissão de fé e praticá-la.

Partindo da perspectiva da comunhão, o Livro de Atos dos Apóstolos nos oferece uma boa indicação de como era organizada a comunidade primitiva de Jerusalém a partir de três textos: 2,42-47; 4,32-35; 5,12-16. Sobretudo, a partir do primeiro relato bíblico indicado, podemos encontrar quatro elementos fundamentais da comunidade nascente:

1) *Comunhão no ensinamento dos apóstolos* (cf. 2,42): a comunhão acontece pela *instrução*, ou seja, pela *catequese* que acontecia dentro das casas. O conteúdo dessa catequese é a própria experiência que os apóstolos viveram diretamente com Jesus de Nazaré. O crescimento dessa primeira comunidade dar-se-ia a partir desse anúncio fundamental que implica duas questões básicas: capacidade de *comunicar* a mensagem e a capacidade de *escuta* e *recepção* desta, ou seja, a resposta da fé que cada batizado é chamado a realizar em si mesmo.

2) *Comunhão de bens materiais* (cf. 2,42): uma vez acolhido o anúncio da fé, ele deve ter uma finalidade e influência concreta na vida dos crentes, fazer com que os bens sejam colocados à disposição de todos, para que ninguém passe necessidade. Desenvolve-se no seguidor de Jesus a capacidade de *gratuidade*. Na comunidade nascente, a fé se expressava em obras concretas para o bem comum (cf. Tg 2,14). Nela, os pobres estão no centro.

3) *Comunhão na fração do pão* (cf. 2,42): o gesto de abençoar e repartir o pão vem da tradição judaica; na comunidade de Jerusalém, não será simplesmente comida, mas, a partir de Jesus, passa a ser também um gesto eucarístico.

4) *Comunhão na oração* (cf. 2,42): a comunidade reunida recita os salmos, memória da ação de Deus na vida do seu povo.

Os primeiros cristãos, ao viverem esses aspectos da vida comunitária, apontam para algumas características fundamentais que compõem a comunidade cristã. Entre essas características, encontramos uma comunidade de homens e mulheres que, no desejo de seguir Jesus, compartilhar dos bens e da oração e na acolhida aos convertidos, sobretudo aos pobres, apresenta também a necessidade de gerar *ministérios* e *carismas* para o serviço comunitário. Esses, por sua vez, estão a serviço do bem da comunidade e, sobretudo, dos pobres (cf. At 4,32-37). O *motu proprio Antiquum*

Ministerium recorda que as comunidades das origens, por meio de homens e mulheres obedientes à ação do Espírito, já exercitavam um jeito de ministerialidade, cuja finalidade era a *edificação* da Igreja nascente (cf. *AM*, n. 2).

1.2. A comunidade cristã a partir do Concílio Vaticano II

O Concílio Vaticano II, para definir a identidade e a tarefa da Igreja, buscou recuperar justamente o modelo das primeiras comunidades cristãs contidas no Novo Testamento. Dessa maneira, o Concílio assume uma eclesiologia da comunhão baseada no binômio *comunidade-ministérios e carismas* e não mais no esquema *hierarquia-povo*. O principal documento conciliar que trata desse assunto é a constituição dogmática *Lumen Gentium* (*LG*), que define a Igreja a partir de realidades visíveis e espirituais (cf. *LG*, n. 8), porque ela é expressão do *Corpo Místico de Cristo* (cf. *LG*, n. 7), que é *Povo de Deus* (cf. *LG*, n. 9-17), guiado pelo Espírito (cf. *LG*, n. 4) no exercício do sacerdócio comum dos fiéis (cf. *LG*, n. 10) a serviço da dinâmica do *Reino de Deus* (cf. *LG*, n. 5). A Igreja nasce do alto, do coração do próprio Deus, que, pela força do Espírito, faz brotar o desejo no coração do ser humano de viver em comunhão com Ele e como irmãos entre si.

Ao apresentar a Igreja como *Povo de Deus*, a constituição a define como *povo messiânico* (cf. *LG*, n. 9), que recebeu *dons* e *carismas* (cf. *LG*, n. 12), como *povo peregrino* (cf. *LG*, n. 14) e *missionário* (cf. *LG*, n. 17). Definir a identidade da Igreja dessa maneira é apresentar um novo modo de viver a sua *práxis* comunitária, porque reafirma a participação de todo o *Povo de Deus* na missão profética de Cristo (cf. *LG*, n. 35). Em nosso caso específico, isso implica duas questões importantes: a tarefa da comunidade de propor itinerários sólidos de formação para os batizados e os ministérios envolvidos, cuja finalidade é o fortalecimento da missão da Igreja. Ainda, a Igreja, sob essa perspectiva, é compreendida como *sinal* e *instrumento* de união em Cristo, destinada a promover a unidade de todo o gênero humano (cf. *LG*, n. 1). Ela exerce a mediação entre Cristo e a pessoa humana.

Ao afirmar a participação na missão profética de Cristo, o Concílio definiu o modelo de evangelização a partir de três funções que o *Povo de Deus* recebeu de Cristo no Batismo: sacerdotal (cf. *LG*, n. 34), profética (cf. *LG*, n. 35) e régia (cf. *LG*, n. 36). Essas funções ou ministérios, aspectos da missão da Igreja, expressam-se no ato de comunicar o Evangelho por meio da pregação, catequese, formação, celebração, caridade entre outros. De modo particular, em nosso caso, expressam-se também no ato de exercer o *ministério de catequista*.

Ainda, ao definir que a evangelização constitui a própria vocação e a mais profunda identidade da Igreja (cf. *EN*, n. 14), compreende-se que a missão fundamental da comunidade é anunciar o Evangelho. Um anúncio capaz de promover um itinerário de formação sólida, sobretudo para aqueles que irão exercer um ministério eclesial. Logo, a missão do catequista, dentro da perspectiva ministerial, é comunicar o Evangelho com a própria vida. É ser *Ministro da Palavra* (cf. DC, n. 283). Para isso, a tarefa da comunidade cristã é proporcionar um percurso consistente de formação para o catequista que irá comunicar e "instruir em nome da Igreja" (*AM*, n. 6). A primeira preocupação está em pensar um processo sólido de *formação* daqueles que irão assumir tal ministério.

Para promover um consistente percurso de formação para o exercício ministerial em perspectiva comunitária, o processo formativo deve estar alicerçado sob os elementos *constitutivos* da comunidade cristã. Esses elementos, segundo o teólogo alemão Ferdinand Klostermann (1907-1982), que foi um dos primeiros pesquisadores a teorizar sobre essa temática, são: o *Espírito*, a *Palavra*, a *Liturgia* e o *Ágape*, como também seus elementos *estruturais*: a igualdade, a desigualdade, o relacionamento recíproco dos diversos organismos e as formas históricas da comunidade. A partir dessa definição, a Igreja só pode se realizar como comunidade porque é portadora e sujeito da vida da Igreja, que tem como tarefa promover o *crescimento da pessoa*, uma vez que se tornar cristão e assumir um ministério eclesial é um longo caminho que só se faz de maneira *gradual e envolvendo-se* na comunidade (cf. Klostermann, 1970, p. 37-63).

O mesmo autor introduz o *princípio comunidade* como critério fundamental para a concreta realização da Igreja. O seu paradigma deve se tornar a *comunidade de Jesus*, porque toda comunidade cristã é comunidade de Jesus (cf. Klostermann, 1976, p. 7-63). E não há como ser diferente. Isso implica ser uma comunidade em estreita ligação com a vida, com os gestos, com a morte e com a ressurreição do Senhor. Ela, a comunidade, vive no Espírito que reúne um só povo, mantendo-a unida expressa a vida batismal em que o *princípio comunidade* se realiza na participação de todos no ato de ser e formar a Igreja de Jesus Cristo. Essa instituição tem como base para a organização da vida eclesial o modelo das pequenas comunidades porque possibilitam "viver mais intensamente ainda a vida da Igreja" (*EN*, n. 58). O que define uma pequena comunidade é a qualidade das relações interpessoais que se realizam com a participação dos batizados (cf. Meddi, 2011, p. 71-111, esp. p. 86-87). Nela estão três elementos fundamentais: a recuperação do primado da Palavra, a sua hermenêutica (recepção no coração dos fiéis) e a ministerialidade comunitária.

A II Conferência do Episcopado Latino-Americano em Medellín afirmou que a *comunidade cristã de base* é "o primeiro e fundamental núcleo eclesial [...]. Ela é, pois, a célula inicial da estrutura eclesial e foco da evangelização" (DM, doc. 15, n. 10).

Em Puebla são concebidas como espaços que "criam maior inter-relacionamento pessoal, aceitação da Palavra de Deus, revisão de vida e reflexão sobre a realidade à luz do Evangelho" (DP, n. 629). No Documento de Aparecida, as pequenas comunidades eclesiais, sejam as CEBs, sejam outras pequenas comunidades, são o lugar para formar os discípulos de Jesus Cristo, "são células vivas da Igreja e o lugar privilegiado no qual a maioria dos fiéis tem uma experiência concreta de Cristo e da comunhão eclesial. São chamadas a ser casas e escolas de comunhão" (DAp, n. 170). Nelas, todos são chamados a ser responsáveis pela evangelização movidos pela força do Espírito que atuou sobre os apóstolos (cf. DAp, n. 171), com a igual dignidade e participação nos mais variados ministérios e carismas (DAp, n. 184). Enfim, "a vida em comunidade é essencial à vocação cristã" (DAp, n. 164).

A Conferência Nacional do Bispos do Brasil (CNBB), ao acolher todo esse percurso realizado pelo Concílio e pelas Conferências do Episcopado Latino-Americano, propõe o tema das pequenas comunidades inserido no debate a partir da conversão pastoral da paróquia, dentro de um estado permanente de missão (Doc. 100, n. 8) e aliado à compreensão de *casa*: comunidade-casa como espaço de encontro, de referência, de acolhida e afeto, de fraternidade e amadurecimento (Doc. 100, n. 177-178), e que exige novas formas de exercício dos ministérios e novos modos de presença na Igreja e no mundo. Talvez, em nossos processos formativos atuais, há que realizar a passagem da compreensão de comunidade como *casa* para compreendê-la como *tenda*, isto é, um espaço aberto onde todos possam entrar e realizar caminhos de conversão, de proximidade, de fraternidade e de seguimento a Jesus Cristo.

1.3. A comunidade cristã: origem, lugar e meta da catequese

Através do Batismo considera-se que uma dimensão constitutiva do *ser cristão* é o fato de pertencer a uma comunidade na qual se vive uma experiência de discipulado, porque a comunidade é o lugar da "comunicação do mistério vivo de Deus" (*CT*, n. 7). A pertença à comunidade e a experiência do mistério divino, consequentemente, despertam no batizado a capacidade de descobrir a sua vocação, porque "a vocação ao discipulado missionário é con-vocação à comunhão em sua Igreja. Não há discipulado sem comunhão" (DAp, n. 156). Não há comunhão sem comunidade, e muito menos comunidade sem comunhão. Portanto, aqui, segundo o Documento de Aparecida, a comunidade cristã é chamada a ser "casa e escola de comunhão" (DAp, n. 170). Dessa forma, sob um olhar catequético, a comunidade é, por natureza, o lugar da *educação* para a pertença eclesial.

O Diretório Geral para a Catequese (DGC), de 1997, define a comunidade cristã como "a origem, o lugar e a meta da catequese" (DGC, n. 254), porque ela "é em si mesma uma catequese viva" (DGC, n. 141). A comunidade é a *origem*, já que ela é comunidade iniciadora. Isso se dá na Igreja local, que tem a primazia da tarefa de educar na fé (cf. DGC, n. 217). Concretamente isso acontece nas pequenas comunidades, que, na compreensão de Paulo VI, "são um sinal de vitalidade da Igreja, instrumento de formação e evangelização" (*EN*, n. 58), porque nelas se vivem as relações de comunhão de maneira mais próxima e verdadeira. Portanto, o *ministério de catequista* "é um serviço estável prestado à Igreja local" (*AM*, n. 8), em um lugar concreto. Nesse caso, o lugar da missão é a própria Igreja particular.

A comunidade é *lugar* porque é nela que se transmite a vida cristã no cotidiano da existência de cada pessoa e que se desenvolve o ser cristão de cada um. É nesse ambiente que se dá uma experiência mais direta de comunhão entre os batizados. A comunidade é compreendida mais como lugar de *proximidade* e espaço de *maternidade* do que simplesmente como espaço geográfico. Ela é o lugar da comunicação do Evangelho e do exercício prático do mandamento do Senhor (cf. Jo 15,12). O Sínodo de 1977, afirmou na Mensagem ao Povo de Deus (MPD) que "a catequese não é tarefa meramente individual, mas se realiza sempre na comunidade cristã" (MPD, n. 13). Uma das importantes tarefas da catequese é educar para a vida em comunidade.

A comunidade compreendida como *meta* é o lugar da capacitação dos batizados pela catequese. Uma catequese que os capacite a participar da vida e da missão da Igreja (cf. DGC, n. 86). Uma comunidade cuja catequese é compreendida como processo comunitário de crescimento na fé com um caráter dinâmico e evolutivo (cf. DM, n. 8).

O Diretório para a Catequese (DC, 2020) assume essa perspectiva acima descrita e avança na reflexão afirmando que a comunidade é o "útero no qual para alguns de seus membros nasce a vocação específica ao serviço da catequese" (DC, n. 133). Nota-se que o Diretório insere esse debate não no Capítulo X, dedicado à *comunidade cristã*, mas sim no Capítulo IV, dedicado à *formação dos catequistas*, no qual se compreende que o processo formativo dos catequistas se dá sob a ação do Espírito que acontece dentro de uma comunidade cristã (local), cuja finalidade é ajudar a pessoa do catequista na interiorização do Evangelho para a sua total *transformação* pessoal (cf. DC, n. 131) e, assim, torná-lo apto ao exercício do anúncio.

Esse Diretório, assumindo a concepção apresentada pelo Papa Francisco na *Evangelii Gaudium* (cf. *EG*, n. 163-168), define a catequese como *querigmática* (cf. DC, n. 57-60) e *mistagógica* (cf. DC, n. 98). Desse modo, segundo o Diretório para a Catequese, a comunidade cristã é o *lugar por excelência* da formação do catequista. É nesse lugar que se *aprende* e se *vive* a fé (cf. DC, n. 133). Isso implica que uma das principais tarefas da comunidade cristã é o *anúncio* (querigma) e o *acompanhamento* (mistagogia) no processo formativo do batizado e, sobretudo, na formação do catequista em virtude do seu ministério para o crescimento da própria comunidade.

A tarefa primordial da comunidade, na qual está inserido o catequista, é *gerar* e *educar* os cristãos para o seguimento a Jesus de Nazaré, para a comunhão entre si, para a formação do Povo de Deus e, sobretudo, para o despertar em alguns batizados da vocação para o exercício do *ministério de catequista*, ministério este que está a serviço da Palavra. Na compreensão do Diretório para a Catequese, o Ministério da Palavra "nasce da escuta e educa para a arte da escuta, porque somente quem escuta pode também anunciar" (DC, n. 283). O catequista, cuja finalidade é ser Ministro da Palavra, precisa trilhar um percurso de aprofundamento de sua vocação para o exercício desse ministério confiado pela Igreja. É tarefa da comunidade oferecer e sustentar esse processo formativo, que também pode ser inspirado em Maria, Mãe de Jesus, como "modelo do Povo de Deus" e "Virgem da escuta" (DC, n. 283).

2. Maria de Nazaré, o rosto peregrino de Deus: modelo de catequista

O Concílio Vaticano II dedicou, na *Lumen Gentium,* o Capítulo VIII à "Bem--Aventurada Virgem Maria, Mãe de Deus, no mistério de Cristo e da Igreja" e afirma que ela é, diante da comunidade dos eleitos, *modelo de virtudes* (cf. *LG*, n. 65) e "a imagem e primícia da Igreja" (*LG*, n. 68). Mediante a resposta ao chamado que Deus realiza em sua vida, Maria, pelo *sim*, oferece a sua resposta confiante a Deus. Mulher que soube acolher em seu corpo a plenitude do Espírito, a Palavra de Deus, fez-se discípula e missionária do Filho, desde a encarnação do Verbo até o nascimento da comunidade dos seguidores de Jesus, em Pentecostes. Pela sua inteira disposição à Palavra, foi capaz de mudar o percurso da humanidade.

2.1. Maria participa da comunidade dos discípulos de Jesus

Na comunidade primitiva de Jerusalém, no Livro dos Atos dos Apóstolos, encontramos a presença de Maria com os discípulos de Jesus (cf. At 1,14). O dom do Espírito Santo prometido por Jesus (cf. Jo 14,16; 15,26; 16,5-15) é concedido para a comunidade reunida em oração ao redor de Maria, e, assim, os discípulos iniciam com ela a missão evangelizadora no mundo, isto é, ser presença do Ressuscitado na vida das pessoas, sobretudo na vida dos pobres. O Espírito é dado abundantemente porque essa comunidade estava unida em oração.

A mesma Mãe que dá à luz o Filho de Deus agora *testemunha* o nascimento da Igreja, a comunidade daqueles que seguem o seu Filho e vivem na *comunhão*, comunidade daqueles que acolhem o Espírito para agir em nome de Jesus. Como afirma o Concílio, Maria é Mãe dos membros de Cristo, no qual se reconhece seu lugar na Igreja também por ser modelo de fé e de caridade (cf. *LG*, n. 53). Nessa comunidade nascente, Maria, na convivência com os discípulos do seu Filho, não poucas vezes deve ter partilhado a experiência da ação do Espírito em sua vida de fé, o que os ajudaria em muito na vocação missionária dos seguidores de Jesus.

2.2. Maria é modelo de comunidade eclesial peregrina, em saída

Maria, Mãe de Jesus, do Deus feito Homem, pela vocação recebida do próprio Deus Pai, é Mãe de todos os homens. Essa maternidade foi conferida pelo próprio Filho, que, do alto da cruz, entregou para o discípulo a sua Mãe (cf. Jo 19,25-27). Desse momento em diante, todo seguidor de Jesus tem por Mãe a sua Mãe. A Igreja, fundada sobre a experiência e a profissão de fé dos apóstolos (cf. Mt 16,18), tem por sua Mãe Maria, aquela que, antes de acolher a Palavra em seu ventre, já tinha acolhido Deus em sua alma e no seu coração, aquela que tem "uma vida modelada totalmente pela Palavra" (*VD*, n. 28). Por isso, ela é a escolhida para ser a Mãe do Salvador. Desse modo, afirma o Concílio: "A Igreja, contemplando a santidade misteriosa de Maria [...], torna-se também ela mãe, pois pela pregação e pelo Batismo gera, para uma vida nova e imortal, os filhos concebidos do Espírito Santo e nascidos de Deus" (*LG*, n. 64). Nesse caso, a maternidade da Igreja encontra seu alicerce na maternidade de Maria.

Existem várias maneiras de apresentar Maria como modelo para a comunidade eclesial, especialmente para os catequistas que estão a serviço da Palavra nas diversas comunidades. Usaremos aqui a imagem de Maria como *peregrina*. Nessa imagem encontramos um percurso realizado pela Mãe de Jesus contemplando um estilo de vida que, a exemplo de seu Filho, está em um constante movimento, como veremos ao lado (cf. Del Gaudio, 2016, p. 69-76):

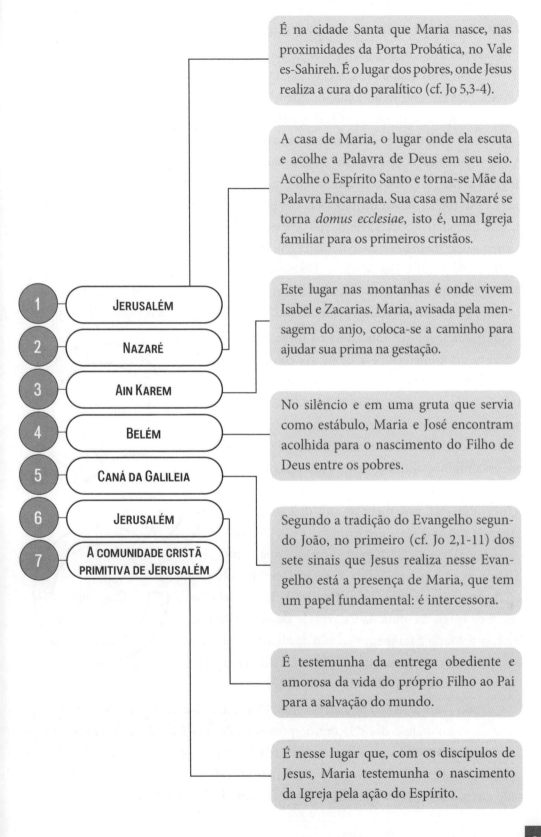

2.3. Maria, modelo de uma comunidade que gera vida e que escuta

No Novo Testamento, Maria aparece somente oito vezes (seis vezes nos evangelhos, uma vez em Atos e uma vez em Gálatas). O seu peregrinar nunca está em função de si mesma, mas em função do Filho, de quem é a primeira discípula, isto é, em função da Palavra de Deus. Ainda no Novo Testamento, encontramos apenas duas vezes a expressão *virgem* para dizer da Mãe de Jesus, enquanto o termo *Mãe* se encontra vinte e cinco vezes. A sua virgindade está em função da sua maternidade. O seu *peregrinar* está em função de *gerar* a vida. Em Maria encontramos uma dupla maternidade: "Ela gera um homem que é Deus (maternidade divina). Gera um Deus que é verdadeiramente homem (maternidade humana)" (Boff, 1979, p. 166). Desse modo, "a maternidade divina de Maria é consequência da maternidade humana e física pela qual o Filho eterno se fez homem" (Boff, 1979, p. 171). Em Maria, o Divino e o humano se encontram, como apontou o Concílio com a expressão "Maria Virgem-Mãe". Maria é Mãe-Virgem porque gera o Salvador pela ação do Espírito Santo. Assim, torna-se modelo da Igreja (cf. *LG*, n. 63-64).

Outra imagem que nos ajuda na formação do catequista, em vista do ministério, é a de Maria como uma mulher de profunda escuta. Em Maria, a escuta está associada à fé. Em uma perspectiva histórica, Maria é anônima e pobre, uma mulher do povo, mas que é escolhida pelo olhar misericordioso de Deus. O olhar de Deus sobre essa mulher, que a prepara para ser a Mãe de seu Filho, se dá pela via do encontro com o anjo (cf. Lc 1,26-38), por meio de um diálogo que é capaz de mostrar uma das principais características dessa Mãe: *escutar*. Como afirma o Papa Bento XVI na exortação apostólica *Verbum Domini*, sobre a Palavra de Deus na vida e na missão da Igreja, "ela é a figura da Igreja à escuta da Palavra de Deus que nela se fez carne. Maria é também símbolo da abertura a Deus e aos outros; escuta ativa, que interioriza, assimila, na qual a Palavra se torna forma de vida" (*VD*, n. 27).

Quando Deus a visitou através do anjo, Maria não estava no templo, mas em casa, lugar da intimidade e das relações de proximidade. Ela é a "cheia de graça" porque foi a escolhida por Deus e, nessa escolha, Maria dá o seu consentimento, fruto da sua confiança e liberdade. Mas isso não sem perturbar-se e pensar seriamente no significado das palavras proferidas pelo anjo (cf. Lc 1,29). Um caminho de puro aprendizado.

No diálogo e na escuta, ela consegue superar o medo e pergunta como isso aconteceria. Descobre que é habitada pelo Espírito Santo e, dentro de si, com a sua colaboração, Deus gera Deus. Uma escuta do Espírito que a fez acreditar e aceitar o grandioso Mistério que não se vê, mas que se tornará carne. Maria acreditou na Palavra (cf. Lc 1,38) e encheu-se do Espírito. É chamada por Deus para ser Mãe da Palavra.

Desse modo, o diálogo mostra a dinâmica da fé de Maria, consequência da sua profunda capacidade de escutar Deus. Enquanto Zacarias duvidou diante do anúncio do anjo (cf. Lc 1,18), Maria acolheu a mensagem do anjo e, por isso, foi reconhecida por Isabel como a "bem-aventurada aquela que acreditou" (cf. Lc 1,45). Dentro de si, enquanto a Palavra era gerada para a salvação dos seres humanos, a própria Palavra fecundava seu coração para ser Mãe não só do Salvador, mas de uma multidão de homens e mulheres. Desse modo, Jesus sendo humano, menos no pecado (cf. Fl 2,7), *herdará* de sua Mãe essa capacidade de escutar. Tanto é que, nos evangelhos, Jesus, repetidas vezes, coloca-se em atitude contínua de escuta dos discípulos, dos pobres e do Pai.

Desde o seu diálogo com o anjo no anúncio da encarnação (cf. Lc 1,26-38) até a morte de cruz do seu Filho (cf. Jo 19,25-27), Maria é o modelo de escuta atenta aos sinais de Deus e, por isso, ela nunca está no centro, pois o centro pertence ao seu Filho. Na cruz, na pessoa do discípulo que Jesus amava, ela se torna a Mãe de todos os seguidores dele (cf. Jo 19,26). Como Maria, também a comunidade dos discípulos de Jesus é Mãe. Assim como Maria, que gera a vida do Homem que salva, a comunidade, por intermédio dos batizados, também é chamada a gerar a vida no mundo. Nisso consiste a tarefa fundamental da comunidade-Igreja. O papel da Igreja ao olhar para Maria não é outro senão inspirar-se nos passos da Mãe, aquela que foi colaboradora do Espírito Santo e, desse modo, sinal do mistério da Trindade para gerar comunhão e fraternidade, enfim, para gerar vida.

3. Elementos de inspiração para o exercício do ministério de catequista

Após um percurso inspirado nas origens da comunidade cristã e pela Mãe de Jesus, resta-nos agora apresentar algumas propostas que servirão para cada comunidade e, consequentemente, para cada catequista aprofundar a sua vocação e missão, a fim de preparar-se de maneira coerente e à altura que esse ministério exige. Propomos aqui uma reflexão considerando três elementos importantes.

3.1. O catequista: uma vocação gerada no seio da comunidade

Um primeiro aspecto para o aprofundamento e o desempenho do *ministério de catequista* na vida em comunidade é ter clareza de que a vocação ao serviço do anúncio da Palavra como catequista é gerada dentro da comunidade cristã. Embora a vocação e os dons sejam concedidos de modo pessoal, é na comunidade que eles são fortalecidos e ganham sentido. É na comunidade que o catequista faz a experiência da fé, porque "ninguém deu a fé a si mesmo, assim como ninguém deu a vida a si mesmo. O crente recebeu a fé de outros e deve transmiti-la a outros" (CIgC, n. 166). A fé, assim como a vocação do catequista, é despertada na comunidade cristã. Ela é o lugar da comunicação e da experiência da fé por excelência. Desse modo, a comunidade acolhe a pessoa do catequista, acompanha e gera sua vocação. Portanto, é evidente que fora da comunidade não há possibilidade de alguém receber o chamado vocacional para a catequese nem de responder a esse chamado de modo coerente.

O catequista, sendo um membro da comunidade de fé que foi chamado para fazer ecoar a Palavra de Deus, é antes gerado pela força dessa Palavra, da qual nasce sua vocação, porque a comunidade é a casa da Palavra. Sem a consciência de que foi na comunidade que a sua vocação para catequizar foi gerada, o catequista corre o risco de se isolar e esvaziar a força e a fecundidade de sua ação catequética e da sua vocação propriamente dita. Para exemplificar essa constatação, bastaria perguntarmos aos catequistas de nossas comunidades como foi que eles se sentiram chamados a ser catequistas e quais os meios que Deus usou para despertar neles a vocação, e então veríamos que cada um teria belos testemunhos de vida e de pertença comunitária, que possibilitaram a fecundação da semente da própria vocação.

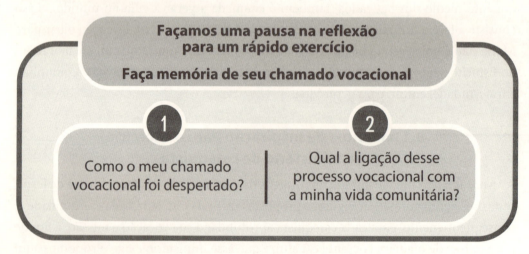

Façamos uma pausa na reflexão para um rápido exercício

Faça memória de seu chamado vocacional

1. Como o meu chamado vocacional foi despertado?

2. Qual a ligação desse processo vocacional com a minha vida comunitária?

A comunidade deve ter clareza de sua responsabilidade junto aos catequistas, assumindo sua função catequizadora, oferecendo-lhes suporte para o exercício de sua missão. Para isso, a comunidade deve propor itinerários sólidos e planejados, cuja finalidade está em sustentar e aprofundar a vocação catequética, vocação esta gerada em seu seio materno.

Além disso, o catequista não pode perder de vista que precisa estar aberto para exercitar sua vocação com outros catequistas e, assim, formar a comunidade catequizadora. A pertença eclesial será fortalecida com a experiência na pequena comunidade dos catequistas. Desde o início, Jesus enviou os discípulos dois a dois. Embora saibamos que caminhar em unidade, como povo, pode até ser mais lento, é preciso ter sempre em mente que a alegria de chegar juntos ao final é a grande recompensa, pois isso significa que todos tiveram oportunidades para se desenvolver, para aprender uns com os outros. O Povo de Deus passou quarenta anos caminhando no deserto. Nesse caminho, houve dificuldades e alegrias, cansaços e hesitações. Certamente, se cada um tivesse caminhado sozinho, teria chegado muito mais rápido, mas não foi isso que Jesus sonhou para os seus discípulos e para a sua Igreja. O catequista, isolado do grupo de catequistas e de sua comunidade, acaba tornando-se estéril em sua missão.

3.2. A vocação do catequista: gerar vida na comunidade eclesial e em cada pessoa

A exemplo da Mãe de Jesus, que primeiro escutou e depois gerou a Palavra, e por isso gerou a vida, o catequista, inspirado nela, tem como missão fazer crescer a vida em cada batizado por meio do anúncio da Palavra de Jesus. Antes, porém, essa Palavra deve ter sido acolhida e ter gerado em seu coração e na sua própria existência a capacidade de maternidade/paternidade, pois o catequista não fala em seu nome próprio, mas em nome da Igreja na qual serve. Por isso, deve necessariamente desempenhar as mesmas características da Igreja, que é mãe.

Já classificamos anteriormente essas características que geram vida, como *anúncio* (querigma) e *acompanhamento* (mistagogia). Essas duas atitudes, elementos da maternidade da Igreja, agora devem ser assumidas pelo catequista. Sua capacidade de anunciar e acompanhar será fruto de uma profunda experiência anterior de se deixar acompanhar por alguém e de ser tocado em profundidade pela mensagem da Palavra de Jesus. Pensar o *ministério de catequista* em uma perspectiva comunitária é possibilitar aos catequistas o acesso a uma formação que lhes garanta o desenvolvimento da capacidade de anunciar e acompanhar cada uma das pessoas que busca a comunidade com o desejo de fazer o encontro pessoal com Jesus e a experiência de pertença eclesial.

Nessa lógica, não devem pertencer ao estilo de ser e agir do catequista, em hipótese alguma, atitudes como de julgamento, de condenação e de desprezo. Aquele que se aproxima da comunidade eclesial desejoso de realizar a experiência de Deus e de Igreja deve encontrar um catequista cujos gestos sejam marcados pelo testemunho da acolhida e da misericórdia que ele mesmo já experimentou em sua vida pessoal.

Portanto, o catequista que conduz outras pessoas para a pertença eclesial, ele mesmo deve estar convicto dessa pertença à comunidade eclesial. Por exemplo: como um catequista que não prioriza a Eucaristia dominical poderá dar testemunho de sua pertença ao Corpo de Cristo, que é a Igreja? Como um catequista que não se deixa interpelar pela Palavra diariamente poderá comunicá-la a outros?

O catequista precisa desenvolver dentro de si potencialidades que favoreçam o exercício dessa maternidade/paternidade. Nessa perspectiva, é necessário compreender que, por meio de sua presença, o catequista deverá ser capaz de gerar vida na comunidade, de gerar alegria de ser discípulo, de sentir alegria de viver a vida cristã no seguimento a Jesus e no serviço aos irmãos e irmãs. Ainda é necessário que se reconheça como mulher e homem capaz de demonstrar uma capacidade ímpar na escuta das feridas daqueles que procuram, na comunidade eclesial, um lugar para crescerem não só na fé, mas também em humanidade. Isso supõe que o catequista seja, ele mesmo, homem e mulher de uma profunda humanidade evidenciada nos gestos e palavras inspirados em Jesus de Nazaré.

3.3. O catequista: pessoa que gera comunhão

O catequista, ao alicerçar a sua vocação no Ministério da Palavra, inspirará a sua ação por meio de um itinerário elaborado e vivido na comunidade na qual está inserido, que tenha como alicerce os elementos do *ensino dos apóstolos*, a *partilha*, a *participação no mistério da Eucaristia* e a *oração*. O catequista somente será pessoa capaz de gerar comunhão à medida que for capaz de praticar e alicerçar a sua vida cristã sobre esses aspectos que fundamentam a vida eclesial. Desse modo, a sua presença na vida da comunidade gerará comunhão. Portanto, é essencial ao catequista participar de experiências que lhe favoreçam criar unidade e fraternidade em torno de Jesus, como fez Maria. Ainda, é significativo ser alguém capaz de despertar nas pessoas o sentido de pertença à comunidade de fé, porque ele mesmo já fez a experiência de pertença eclesial. Essa pertença é fundamental para todo catequista, pois é na comunidade què ele vai sintonizar o coração com Deus e com os irmãos e planejar a sua ação catequética, a fim de realizar o anúncio da Palavra com clareza e fidelidade.

Portanto, é na comunidade que o catequista vai aprender a escutar e a fazer ressoar a Palavra de Deus no coração das pessoas, acompanhando-as e conduzindo-as no caminho da vida cristã para que se tornem discípulos missionários de Jesus Cristo e novos membros dessa comunidade, formando-os homens e mulheres de comunhão, participação e missão.

4. Exercícios para aprofundar a reflexão sobre o ministério de catequista

Apresentaremos agora alguns exercícios práticos cujo objetivo é contribuir no exercício do ministério de catequista em comunidade. Aqui se estabelece a associação entre os elementos apresentados na reflexão e a prática catequética (que pode acontecer tanto na reflexão pessoal quanto no grupo de catequistas).

4.1. A partir das reflexões sobre a comunidade cristã, identifique em cada um dos pontos apresentados alguns elementos que poderiam servir de fundamento para a prática ministerial.

• Inspirações que vêm da comunidade das origens:

_____

_____

_____

• Elementos de destaque na reflexão sobre a comunidade cristã a partir do Concílio Vaticano II:

_____

_____

_____

• A comunidade cristã na perspectiva catequética – elementos-chave para a prática ministerial:

_____

_____

_____

4.2. Quais os principais aprendizados que Maria de Nazaré, o rosto peregrino de Deus e modelo de catequista, nos apresenta a partir daquilo que refletimos no texto?

• Com Maria, membro da comunidade dos discípulos de Jesus, aprendemos:

_____

_____

_____

• Com Maria, modelo de comunidade eclesial peregrina, aprendemos:

_____

_____

_____

• Com Maria, modelo de uma comunidade que escuta e que gera vida, aprendemos:

_____

_____

_____

4.3. *Dentre os elementos de inspiração para o exercício do* ministério de catequista, *quais foram os que mais chamaram sua atenção? Como esses elementos podem ser incorporados em sua prática catequética?*

> O catequista: uma vocação gerada no seio da comunidade

> Vocação catequista: gerar vida na comunidade eclesial e em cada pessoa

> O catequista: pessoa que gera comunhão

MOMENTO CELEBRATIVO

Após o estudo do capítulo 1 (individualmente ou no grupo de catequistas), o coordenador ou a equipe de coordenação do grupo preparará um momento celebrativo, conforme as orientações a seguir.

Recursos necessários (providenciar antecipadamente)

- 1 tecido colorido grande.
- 1 Bíblia.
- 1 cruz.
- 10 folhas de papel em branco.
- 1 caixa grande com 20 símbolos dentro (1 vela, 1 flor, 1 sandália, 1 pé recortado em EVA, 1 mão recortada em EVA, 1 coração de EVA, 1 lâmpada, 1 folha de planta, 1 lápis, 1 caneta, 1 folha de papel em branco, 1 cola, 1 tesoura, 1 borracha, 1 fruta, 1 prato vazio, 1 frasco com água, 1 frasco com óleo, 1 frasco com sal, 1 pedra).

Obs.: esses símbolos podem ser substituídos por outros, a critério da equipe que vai preparar o material.

Preparação do ambiente

- No dia da celebração, colocar o tecido no chão, no centro da sala, e sobre ele colocar a caixa com os símbolos.
- Enquanto os grupos realizam as atividades, o dirigente prepara o ambiente para o momento orante, colocando sobre o tecido a cruz e as 10 folhas de papel em branco (formando uma dezena do terço).

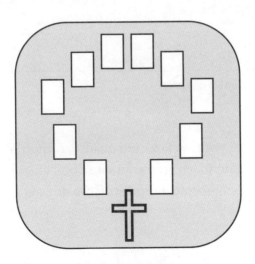

Celebração

- Acolher a todos com alegria.
- Dividir os participantes em nove grupos.
- Os grupos terão vinte minutos para realizar as seguintes tarefas:
  - – ler o texto designado para o grupo;
  - – escolher um símbolo que expresse a compreensão do grupo sobre o texto lido;
  - – elaborar uma frase explicativa, que associe o símbolo ao texto.
- Concluídas essas tarefas, o grupo deverá elaborar uma prece, pedindo ao Senhor que os elementos de destaque encontrados no texto lido ajudem na concretização do processo do *ministério de catequista* em sua comunidade.

GRUPO	TEXTO	SÍMBOLO	FRASE	PRECE
1	1.1. A inspiração que vem da comunidade das origens			
2	1.2. A comunidade cristã a partir do Concílio Vaticano II			
3	1.3. A comunidade cristã: origem, lugar e meta da catequese			
4	2.1. Maria participa da comunidade dos discípulos de Jesus			
5	2.2. Maria é modelo de comunidade eclesial peregrina, em saída			
6	2.3. Maria, modelo de uma comunidade que escuta e que gera vida			
7	3.1. O catequista: uma vocação gerada no seio da comunidade			
8	3.2. A vocação do catequista: gerar vida na comunidade eclesial e em cada pessoa			
9	3.3. O catequista: pessoa que gera comunhão			

Obs.: os participantes poderão fazer um quadro, conforme o modelo acima, para preencher a parte referente ao seu grupo durante a preparação das atividades e depois poderão completá-lo no momento da apresentação de cada grupo.

Momento orante

- Terminadas as tarefas dos grupos, todos se reunirão ao redor do tecido, e cada grupo apresentará seu símbolo e sua frase.
- Finalizadas as apresentações, o dirigente da celebração conduzirá um momento orante, da seguinte forma:
  - Cada símbolo será levantado e apresentado a todos por um participante do grupo (iniciando com o Grupo 1), que o colocará sobre um dos papéis em branco, enquanto outro participante do mesmo grupo lê a prece que fizeram. Após cada prece, todos responderão: *Senhor, escutai a nossa prece.*
  - Finalizada a prece, todos rezarão uma Ave-Maria.
  - Após a apresentação do Grupo 9, o dirigente da celebração apresentará a Bíblia, colocando-a sobre o último papel em branco, e enfatizará que é a Palavra de Deus que ilumina toda a reflexão e a formação dos catequistas. Então todos rezarão a última Ave-Maria, e em seguida o dirigente motivará todos a rezarem um Pai-nosso e um Glória-ao-Pai, concluindo assim a dezena do terço.
  - O momento celebrativo será finalizado com um canto vocacional.
  - Se for oportuno, poderá ser organizado um lanche após a celebração.

2

A dimensão antropológica do ministério de catequista

Neste segundo capítulo, queremos aprofundar o tema do *ministério de catequista* a partir da perspectiva antropológica, isto é, a partir da sua dimensão humana, do seu *ser pessoa* e da sua *experiência*. A palavra *antropologia* vem do grego *ánthropos*, que quer dizer *homem* (ser humano), e *lógos*, que significa *razão* (pensamento). Então, a antropologia é a ciência que tem como objetivo estudar o ser humano e a humanidade em suas variadas dimensões. O caminho que vamos estabelecer aqui é, sobretudo, o da perspectiva da antropologia teológica. O personagem bíblico a nos inspirar neste capítulo será o Apóstolo André, com a finalidade de propor elementos para a formação e a prática do *ministério de catequista* como pessoa humana inserida na história.

Aprofundar o *ministério de catequista* a partir da dimensão antropológica, isto é, a partir das ciências (da comunicação, da educação, da pedagogia, da psicologia e da sociologia) que estudam o ser humano, é olhar para o catequista como pessoa que está em constante processo de *trans-formação* e como alguém que está inserido em um contexto sócio-cultural-histórico concreto. Para compreender a totalidade do ser humano em uma perspectiva antropológica, faz-se necessário considerá-lo a partir de quatro elementos fundamentais: a sua *dimensão biológica*, a sua *dimensão cultural*, a sua *dimensão filosófica* (refletir a relação do homem com o seu destino e a compreensão de sua existência) e a sua *dimensão* da *antropologia teológica* (setor da reflexão teológica com acento sobre o ser humano: criação, graça, pecado, salvação entre outros).

1. O humano, destinatário da revelação

No processo da revelação divina, a pessoa humana é destinatária, ela é o objeto dessa revelação. Ao conhecer o amor de Deus Pai, que se fez conhecer a si mesmo, a pessoa humana é chamada a conhecer-se e a descobrir aquilo a que é chamada a exercitar no mundo. Isso pressupõe duas questões importantes: o conhecimento e a experiência do que é ser pessoa humana livre e responsável por sua existência. Embora a revelação não deseja ser a única fonte de conhecimento sobre a pessoa humana, todos os demais instrumentos devem ser considerados sob a ótica da relação de Deus com a pessoa humana, pela mediação de Jesus Cristo que, pela graça do Espírito, é chamado à filiação divina e à comunhão com Ele (cf. Ladaria, 2016, p. 12-14). Nisso, a pessoa humana deve ser considerada na sua totalidade e unidade (cf. *GS*, n. 3).

1.1. A virada antropológica do Concílio Vaticano II

O Concílio Vaticano dedicou-se a refletir sobre as questões da Igreja com relação ao mundo de hoje. Especificamente com a *Gaudium et Spes*, a Igreja assume um profundo diálogo com o mundo moderno, estabelecendo não apenas uma nova forma de a Igreja estar em relação com o mundo, mas também um jeito novo no modo de considerar e compreender o ser humano como sujeito histórico movido pela sua liberdade. Esse compromisso pode-se constatar nas palavras do Papa Paulo VI, no encerramento do Concílio, quando declarou que o desejo da Igreja está em "servir ao homem, em todas as circunstâncias da sua vida, em todas as suas fraquezas, em todas as suas necessidades" (Paulo VI, 1965). Assim, é possível afirmar que a *Gaudium et Spes*, mais do trazer uma reflexão o cristão, trata sobre o ser humano por meio de uma verdadeira síntese antropológica que tem como fundamento a pessoa de Jesus, pois Ele é o ser humano perfeito (cf. *GS*, n. 22).

Na *Gaudium et Spes*, a questão antropológica assume um lugar central no debate da Igreja porque o ser humano "será o fulcro de toda a nossa exposição: o homem uno e integral: corpo e alma, coração e consciência, inteligência e vontade" (*GS*, n. 3). Esse ser humano deve ser considerado em sua totalidade. Ao tratar da condição do ser humano no mundo atual e das principais questões que ele carrega dentro de si e de tudo aquilo que pertence à sua realidade, a Igreja professa que é em Cristo que ele, ser humano, encontrará a sua resposta final (cf. *GS*, n. 4-10). A Igreja, lugar da comunhão, ao assumir as alegrias e as esperanças, as tristezas e as angústias dos homens e mulheres de nosso tempo, não considera um mundo abstrato, mas sim o mundo real e a vida concreta das pessoas (cf. *GS*, n. 1-2), e, com isso, define a sua missão no mundo.

Nessa perspectiva, o Concílio contribuiu para uma grande revisão da teologia, da práxis pastoral e, consequentemente, da catequese, pensada sob uma perspectiva missionária centrada na inteira responsabilidade do Povo de Deus no anúncio do Evangelho e da transformação da sociedade (cf. *LG*, n. 9-17). Por isso, propomos aprofundar o tema da dimensão antropológica do *ministério de catequista* a partir de três textos que a *Gaudium et Spes* nos oferece. São eles, *a condição do homem no mundo de hoje* (*GS*, n. 4), *a vocação do ser humano* (*GS*, n. 11) e *o papel da Igreja no mundo contemporâneo* (*GS*, n. 44). Vejamos:

No primeiro texto (*GS*, n. 4), o Concílio assumiu a categoria *sinais dos tempos* para dizer da realidade na qual a Igreja está inserida. Diante das rápidas e profundas transformações da sociedade e do ser humano, que também atingem o sentido religioso e o seu sentido da vida mais profundo, é tarefa da Igreja indagar e aprofundar esses *sinais dos tempos*, que, por sua vez, devem ser interpretados à luz do Evangelho, cuja finalidade está em "responder, de modo adaptado a cada geração, às eternas perguntas das pessoas acerca do sentido da vida presente e futura (vida eterna) e da relação entre ambas. É, por isso, necessário conhecer e compreender o mundo em que vivemos, as suas esperanças e aspirações, e o seu caráter tantas vezes dramático" (*GS*, n. 4).

Nota-se que a primeira tarefa da Igreja, segundo a *Gaudium et Spes*, está na sua capacidade de responder às *interrogações* que oferecem sentido para a existência humana que cada pessoa carrega dentro de si. Em segundo, surge a necessidade de compreender a dinâmica do mundo, porque o cristão e a Igreja estão nele, inseridos na história, e não fora dela. Os *sinais dos tempos* mencionados no Concílio são o caminho da missão eclesial. Para isso, a Igreja, precisa estar inserida no mundo, no cotidiano das pessoas onde "a vontade de transformação, a explicitação da potência humana, o uso da liberdade, a interdependência e a troca das ideias não impedem o Evangelho, mas o favorecem na sua difusão e em sua realização" (Meddi, 2017, p. 20).

Em outros termos, os sinais dos tempos são vias por meio das quais a missão eclesial pode ser realizada. A centralidade de *Gaudium et Spes*, n. 4, no desejo de oferecer respostas às aspirações e interrogações está em relação com *Gaudium et Spes*, n. 9 e 10, onde se deseja a mais profunda aspiração, isto é, a vida plena e livre, e na qual tudo o que é oferecido e conquistado deve estar a serviço da pessoa humana e para a sua dignidade e o sentido da sua existência no mundo. Ainda, *Gaudium et Spes*, n. 4, deve ser interpretada em relação com *Ad Gentes*, n. 8, em uma perspectiva missionária na qual "a atividade missionária tem íntima conexão também com a própria natureza humana e suas aspirações".

A condição do ser humano no mundo (cf. *GS*, n. 4) deverá ser lida à luz da sua vocação (cf. *GS*, n. 11) e da sua existência, pois nessa realidade estão os *sinais* do agir de Deus na história. Sinais estes que devem ser lidos e interpretados à luz do Evangelho, isto é, à luz da fé, que vai além de uma leitura sociológica da realidade, mas é capaz de buscar os sinais do agir de Deus na história. Nisso, a compreensão do Concílio é de que a pessoa humana (Povo de Deus), conduzida pela graça da fé, acredita ser movida pelo Espírito de Jesus Cristo que habita o universo, encoraja-se para discernir no seu cotidiano os *verdadeiros sinais da presença de Deus* (cf. Scanziani, 2020, p. 85). Na interpretação do teólogo de origem alemã Christoph Theobald, os *sinais dos tempos* são aquilo que chamamos hoje de *discernimento eclesial* (cf. Theobald, 2016, p. 201-211). Ele não é realizado sem o exercício da escuta do Espírito Santo.

O discernimento aqui está em relação com os sinais de Deus na história e na vida das pessoas. Portanto, esse *discernimento* e essa *interpretação* poderão ser realizados à luz do *Evangelho* (*GS*, n. 4) e da *fé* (*GS*, n. 11), para assim responder às inquietações no coração do ser humano (cf. Scanziani, 2020, p. 86). Nesse sentido, na Igreja, ler os sinais dos tempos é sem sombra de dúvida um caminho que exige o *exercício da fé* para descobrir os sinais de Deus em sintonia com o coração do ser humano. Trata-se de uma fé "que interpreta a realidade" (Theobald, 2016, p. 202) com lucidez e coerência. Diante disso, não há como não suscitar questionamentos e unir a reflexão do primeiro capítulo desta obra com este segundo, para refletir mais profundamente:

> Até que ponto nossas comunidades eclesiais missionárias propõem itinerários formativos cuja finalidade está no amadurecimento da fé a fim de saber ler e interpretar a própria existência e a história buscando descobrir nelas os sinais de Deus?

> Nossas comunidades são maduras o suficiente para propor itinerários assim?

O segundo texto (*GS*, n. 11) deverá ser lido em estreita sintonia com *Lumen Gentium*, n. 12, no qual todo o Povo de Deus, animado pela força do Espírito, fará o exercício de interpretar os sinais dos tempos e da presença de Deus na história. Esse critério de discernimento dos sinais dos tempos proporciona um movimento com três elementos essenciais: no primeiro, *a leitura da história à luz da fé*; no segundo, *a escuta dos homens e mulheres de hoje*; no terceiro, *a escuta do Espírito*. Esse movimento implica concretamente a prática da catequese em repensar o modo de anunciar o querigma. Esses sinais remetem a presença do Espírito na comunidade dos batizados. Sinais estes que se referem concretamente ao *já* do Reino de Deus na história. Esses critérios de discernimento são dados por Deus com a finalidade de manifestar o seu projeto de salvação da humanidade.

Gaudium et Spes, n. 11, indica os instrumentos do agir salvífico da Trindade no mundo. A partir dessa ótica, "um aspecto decisivo da missão da Igreja é *discernir* os sinais da ação salvífica de Deus (Deus-Trindade em ação), mais que discutir sobre as características do tempo" (Meddi, 2017, p. 20). Talvez, em nossa ação pastoral, nos esquecemos ou confundimos esse importante elemento abordado anteriormente. Compreende-se, assim, Deus como sujeito e autor dos *sinais*, cujo objetivo central é a vocação humana de cada pessoa. Nesse sentido, a *Gaudium et Spes* indica a *missão* como serviço aos *sinais dos tempos*: logicamente a missão da Igreja e dos batizados é ser presença de Deus na história. Nisso, encontramos uma clara eclesiologia missionária e consequentemente luzes para a formação do catequista em razão do exercício do ministério.

Em uma perspectiva missionária, tanto a Igreja quanto os batizados são *colaboradores do Espírito* para a salvação desejada por Deus para a humanidade inteira. Para isso, Jesus é o princípio hermenêutico para interpretar a história e o mundo (cf. *GS*, n. 10). Na Igreja, a tarefa do discernimento é realizada pela escuta sobre a direção do Espírito do Ressuscitado.

Por fim, o terceiro texto (*GS*, n. 44), ao abordar esse tema, trata do processo de discernimento que se dá por um caminho proposto que consiste em "saber ouvir, discernir e interpretar as várias linguagens do nosso tempo" (*GS*, n. 44) com a finalidade de clarear melhor em que sentido também o mundo é objeto salvífico e da presença de Deus na história e na vida de cada pessoa. O Concílio, através dessa constituição pastoral, afirma que a Igreja tem necessidade dos saberes ligados ao estudo do ser humano e da sociedade a fim de "que a Verdade revelada possa ser cada vez mais intimamente percebida, mais bem compreendida e apresentada de um modo mais conveniente" (*GS*, n. 44). Nesse sentido, *Gaudium et Spes*, n. 44, afirma que as ciências (antropológicas) são necessárias para melhor compreender e utilizar os bens salvíficos que a própria Igreja já possui por meio da Sagrada Escritura, Tradição e Liturgia (cf. Meddi, 2017, p. 21). A missão e a ação evangelizadora serão mais eficazes em sua tarefa se estiverem em constante diálogo com a cultura. Insiste-se na capacidade da Igreja de se colocar em uma permanente escuta das vozes que vêm da cultura, para discernir os sinais da verdade e interpretar o que eles desejam comunicar. Tudo isso com o objetivo de facilitar a compreensão da mensagem salvífica do Evangelho no mundo.

Em síntese, o Concílio nos oferece duas importantes reflexões acerca da pessoa humana e dos sinais dos tempos. Na primeira, iluminada a partir de *Gaudium et Spes*, n. 4, a evangelização e a catequese necessariamente têm por objetivo ajudar a responder aos desejos de salvação que cada pessoa traz dentro de si. Essa também é a tarefa e missão da Igreja no mundo. O meio de a Igreja desenvolver sua missão no mundo é quando ela é capaz de responder aos desejos e aspirações, pois desse modo estabelece-se a missão da Igreja, que consiste em evangelizar as esperanças humanas para que se descubra nelas o amor de Deus já presente entre os seres humanos. Já na segunda, a partir de *Gaudium et Spes*, n. 4 e 11, a reflexão consiste em, "com a ajuda do Espírito Santo, saber ouvir, discernir e interpretar as várias linguagens do nosso tempo", isto é, o Espírito que suscita sinais messiânicos nos tempos que, por sua vez, expressam as vias da própria missão e a forma da presença salvífica de Deus na história (cf. Meddi, 2017, p. 21). Atentos a essa leitura, compreendemos que a constituição pastoral *Gaudium et Spes* resgata o verdadeiro sentido da pessoa humana inserida na história.

1.2. O ser humano: presença de Deus no mundo

A expressão *antropologia* nos remete ao ser humano; em nosso caso, queremos abordar esse ser humano sob o olhar de uma antropologia teológica que tem como objeto de aprofundamento a pessoa e sua relação com Deus. Para isso, há necessidade de aprofundar a revelação cristã. Então, o ponto de partida é um Deus que quer se revelar, ser conhecido e ser encontrado. Essa revelação se dá por meio do Filho Jesus. O Concílio Vaticano II afirmou que "só no mistério do Verbo encarnado se esclarece verdadeiramente o mistério do homem [...]. Cristo, o novo Adão, na própria revelação do mistério do Pai e do seu amor, revela o homem a si mesmo e descobre-lhe a sua vocação sublime" (*GS*, n. 22).

O ser humano, enquanto destinatário da revelação, é objeto da ação de Deus. Assim sendo, homem e mulher são destinatários do amor de Deus, e isso os faz conhecer a Deus, e também se conhecerem a si mesmos. O ato revelador de Deus revela a Verdade última da salvação (Jesus Cristo). É nesse encontro com a verdade revelada que o ser humano descobre-se a si mesmo e sua vocação no mundo (cf. Ladaria, 2016, p. 12). Essa vocação última do ser humano, segundo o Concílio, "é realmente uma só, a saber, a divina" (*GS*, n. 22), que se dá por meio do Filho Jesus, no qual se pode realizar a experiência do amor de Deus Pai, que salva.

Ladaria, teólogo espanhol, ao tratar da visão completa do homem sob a perspectiva da fé, afirma que é preciso distinguir os aspectos fundamentais da referência do ser humano a Deus. Por isso, indica três dimensões fundamentais: 1) Deus quer estabelecer uma relação de amor e filiação com todo o gênero humano por meio do Filho Jesus, o qual é chamado a participar da filiação divina; 2) esse chamado à filiação pressupõe a existência do ser humano como criatura livre; 3) o homem, chamado à comunhão e à filiação com Deus, encontra-se em uma relação de infidelidade a Deus e aos seus semelhantes e, por isso, no pecado. Considerar o ser humano no debate da antropologia teológica sob essas três dimensões pressupõe considerá-lo inserido na história sociocultural e na relação cotidiana com seus irmãos e irmãs (cf. Ladaria, 2016, p. 13-14).

O Concílio, ao expressar que a finalidade última do ser humano é encontrar a perfeição em Cristo, afirma-nos que, com a morte e a ressurreição de Jesus Cristo, o pecado é vencido e a inserção do ser humano em Cristo mediante o Sacramento do Batismo é um fator decisivo na condição de cada cristão. A dignidade que cada ser humano encontra em sua vocação está na filiação divina à imagem da filiação de Jesus. Nesse sentido, "somente à luz do paradigma de nossa humanidade podemos conhecer o que fomos chamados a ser" (Ladaria, 2016, p. 28), porque "todo aquele que segue Cristo, o homem perfeito, torna-se mais homem" (*GS*, n. 41), isto é, torna-se pessoa mais humanizada e capaz de colaborar melhor no processo de evangelização.

1.3. Uma catequese centrada na interpretação dos sinais dos tempos

Mediante a necessidade de reconhecer a presença dos leigos como comunicadores do Evangelho, especialmente na catequese, encontra-se no *motu proprio Antiquum Ministerium* a afirmação de que se faz necessário aos nossos dias promover a renovação da ação evangelizadora no mundo contemporâneo, assumindo que vivemos em uma cultura inteiramente globalizada (cf. *AM*, n. 5).

O *Antiquum Ministerium*, no n. 5, ao citar a *Evangelii Gaudium* (*EG*, n. 163-168), destaca que, diante desse mundo contemporâneo, faz-se necessária uma catequese querigmática e mistagógica, isto é, uma catequese centrada no *anúncio* e no *acompanhamento*, capaz de atender o ser humano no contexto em que este está inserido. Ainda, o *Antiquum Ministerium*, ao referir-se à *Fratelli Tutti* (*FT*, n. 100, 138), destaca que, diante da cultura globalizada, o anúncio e o acompanhamento se impõem com urgência com a finalidade de conduzir sobretudo os jovens para um verdadeiro encontro com Jesus Cristo, fazendo uso das mais variadas formas metodológicas e dos mais diversos instrumentos, cuja finalidade é a proclamação do Evangelho e a missão.

As reflexões contidas no *Antiquum Ministerium* indicam a exigência de *metodologias* e *instrumentos criativos* que, por sua vez, possibilitam e tornam a mensagem do Evangelho mais compreensível e credível. Essas metodologias e instrumentos facilitam a ação evangelizadora da Igreja, que está inserida no mundo (cf. *AM*, n. 5). Pensar uma proposta de formação em vista do *ministério de catequista* pressupõe indispensavelmente considerar que "o catequista é especialista em humanidade" (DC, n. 113c). Para isso, tais instrumentos e metodologias, uma vez bem aplicados, favorecem tanto o anúncio quanto a acolhida do Evangelho e a experiência do Mistério.

Um dos elementos fundamentais para o catequista que se prepara para receber o ministério que a Igreja lhe confia é centrar-se na *experiência*. Joseph Gevaert (1930-2019), catequeta belga e professor na Universidade Salesiana em Roma, ao aprofundar o tema da experiência comunitária na catequese, afirma que sem um contato *real* (no qual se aprende a ler os sinais dos tempos) e *prolongado* (processual) com pessoas que hoje vivem o Evangelho, sem uma séria *participação* na vida cristã e sem a *celebração* da fé em comunidade, o catequista que irá assumir o ministério da Palavra não poderá perceber o sentido fundamental da mensagem cristã, à qual é chamado a comunicar, não conseguirá atualizá-la e, de certo modo, não conseguirá valorizar a vida humana em sua totalidade (cf. Gevaert, 2005, p. 125).

O mesmo autor propõe três formas fundamentais de *experiência*: na primeira, a *experiência humana,* que consiste na busca em dar um sentido para a vida e que significa a busca de Deus e de salvação, descobrindo seus sinais no cotidiano da história, confrontando seus problemas, sua origem e seu destino último; dessas questões e experiências humanas surgem as características fundamentais do seu mistério enquanto pessoa. Na segunda, a *experiência das pessoas bíblicas*, que consiste no fato de que a catequese não pode ignorar as grandes experiências no âmbito cristão, tradição essa que Deus gradualmente se serviu para revelar-se a si mesmo e que culmina na pessoa de Jesus de Nazaré e na experiência dos apóstolos. Na terceira, a *experiência da vivência cristã* dos grandes testemunhos evangélicos no decorrer da Tradição da Igreja até nossos dias, no qual o processo de transmissão da fé aconteceu pelas mais variadas formas e chegou até nós hoje (cf. Gevaert, 1984, p. 68-75). Ao pensar o *ministério de catequista* sob a perspectiva *experiencial*, faz-se necessário desenvolver um processo formativo no qual se deseja compreender e considerar a pessoa humana em todas as suas dimensões. Não há como pensar um processo formativo sem primeiro considerar a totalidade do sujeito que está nela envolvido, bem como sua experiência, seja ela qual for.

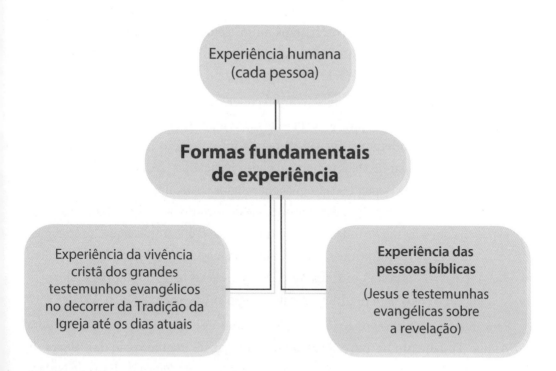

Afirma-nos o Diretório para a Catequese que "a experiência humana é constitutiva da catequese, tanto em sua identidade quanto em seu processo" (DC, n. 197). O ponto de partida para uma catequese atingir seus objetivos é a experiência concreta de cada pessoa que está interessada e busca uma comunidade de fé. Desse modo, a experiência cristã não se tornará possível sem uma fundamental referência: a experiência humana. Sem essa fundamental referência, a *experiência humana* e a *experiência de fé* daqueles que conviveram e testemunharam Jesus e que nos chegam por meio dos evangelhos, não é possível evangelizar e adentrar o coração dos homens e mulheres de nosso tempo.

A *experiência*, segundo o catequeta Emílio Alberich, é uma realidade vivida de maneira intensa, de tal modo que envolve todas as dimensões da pessoa humana (cf. Alberich, 2004, p. 135). Portanto, uma catequese e, consequentemente, um processo formativo com catequistas em função do ministério deverá proporcionar uma reflexão sob três diferentes aspectos: 1) considerar a *experiência humana*, na qual a pessoa se encontra e se confronta com as grandes interrogações de sua existência; 2) para ter acesso ao Evangelho, é necessário considerar a *experiência e o testemunho vividos pelos cristãos na origem*, pois somente a partir da experiência deles é possível reconhecer concretamente o que o Evangelho quer dizer para a existência humana hoje; a experiência dos primeiros cristãos é um elemento constitutivo da nossa fé; 3) a *experiência a partir de Jesus Cristo*, na qual se manifesta a salvação de Deus para todos os seres humanos (cf. Gevaert, 1987, p. 247-249).

A partir dessa referência, pode-se compreender que a experiência religiosa tem a ver com a linguagem, porque "as experiências religiosas só podem ser verificadas em pessoas que aprenderam a linguagem para a interpretação religiosa da realidade. Quem nunca ouviu falar de Deus tampouco pode vivenciá-las" (Alberich, 2004, p. 136). A experiência humana depende da linguagem religiosa: rito, linguagem narrativa, linguagem simbólica, celebração e testemunho. Nesse sentido, a experiência cristã pode ser expressa com a forma de toda experiência religiosa, o que implica que "fé e religião não nascem sem as outras pessoas, isto é, sem a linguagem e sem a cultura [...]. Sem receber as palavras, os gestos, os símbolos e as experiências feitas dos outros [...] não se pode conhecer a Deus nem praticar um culto religioso" (Gevaert, 2005, p. 153).

Para ilustrar essa compreensão, usaremos como exemplo a experiência religiosa no Antigo Testamento do povo de Israel como lugar da manifestação da Palavra de Deus. No Novo Testamento, a experiência religiosa, por excelência de Jesus de Nazaré e da comunidade dos apóstolos, nos mostrou a experiência em profundidade do mistério vivido e a interpretação salvífica que dela se fez. A experiência religiosa da Igreja que, desde as primeiras comunidades cristãs, é expressa na Liturgia, na Tradição, nos Documentos da Igreja e na continuação da experiência da comunidade apostólica (cf. Alberich, 2004, p. 139). É mediante essas experiências que, com o auxílio de instrumentos eficazes, realiza-se a leitura hermenêutica da experiência realizada e da história, descobrindo-se o "mistério" e os sinais de Deus no mundo para a salvação do ser humano.

O Concílio, ao afirmar na *Gaudium et Spes*, n. 4, que é "necessário conhecer e compreender o mundo em que vivemos" (*GS*, n. 4), aponta que, no âmbito da catequese, a pessoa humana seja ajudada pelas "leis da psicologia e das ciências pedagógicas" (*CD*, n. 14) a realizar em sua própria existência uma experiência religiosa concreta. No pós-Concílio, a *experiência* se tornou uma categoria central na catequese, sobretudo na América Latina, com as reflexões apresentadas no Documento de Medellín (DM), no qual se afirma que a catequese deve conservar o seu caráter dinâmico e evolutivo; por isso, "as situações históricas e as aspirações autenticamente humanas são parte indispensável do conteúdo da catequese e devem ser interpretadas seriamente, dentro de seu contexto atual, à luz das experiências vivenciais do povo de Israel, de Cristo e da comunidade eclesial, na qual o Espírito de Cristo ressuscitado vive e opera continuamente" (DM, n. 8,6).

Nesse sentido, o DM expressa que "cabe à catequese ajudar na evolução integral do homem, dando-lhe um autêntico sentido cristão" (DM, n. 8,7), isto é, uma catequese que está centrada nas questões existenciais do ser humano. Surge cada vez mais em nossos debates e processos formativos a necessidade de pensar uma antropologia catequética na qual se estabeleça um percurso que considera as experiências de cada pessoa na totalidade de sua existência.

Concretamente significa valorizar os dinamismos humanos, por meio dos quais a pessoa é capaz de acolher, interiorizar e dar a sua resposta a Deus, o qual, pela ação do seu Espírito, quer encontrá-la por meio da sua Revelação, da sua Palavra e dos seus *sinais* presentes no mundo. Concretamente, isso evidencia que, antes de anunciar explicitamente a Jesus Cristo, é necessário abordar os problemas humanos fundamentais acerca do sentido da vida. Esse é o modelo catequético que *Gaudium et Spes* solicita para a catequese e a evangelização. As questões que caracterizam essencialmente a condição humana evocam questões que somente a partir da Revelação podem receber respostas, sobretudo a partir da experiência de Jesus oferecida pelos *evangelhos* e pela *fé professada* nas e das primeiras comunidades cristãs.

De tudo o que afirmamos ao aprofundarmos a relação entre catequese e antropologia, estabelece-se uma significativa passagem no horizonte catequético, a de uma catequese instrutiva para uma catequese experiencial. Talvez aqui esteja um dos mais importantes âmbitos da evangelização e catequese para os dias atuais e que consiste em colocar o ponto de partida no horizonte antropológico. Colocar o ponto de partida em uma perspectiva antropológica é promover um novo paradigma para a catequese, motivada pela maneira como se aprofunda o problema do crer e como se faz a abordagem da experiência cristã. Caso contrário, corremos o risco de apresentar uma mensagem ou uma catequese que não responde mais às perguntas que as pessoas fazem e não corresponde a problemas que ninguém mais vive.

A mensagem proclamada pelo catequista, para além de comunicar um conjunto de ideias, tem por finalidade promover um *encontro adulto*, isto é, maduro, capaz de suscitar decisão a partir da fé, a fim de que a mensagem cristã ofereça razões de esperança para que a fé possa alargar o coração e fazer a pessoa desejar viver com dignidade a Verdade da vida. Nos moldes de uma preocupação da catequese em perspectiva antropológica, a urgência não deve se concentrar unicamente no conhecimento da fé, que também é importante, mas em itinerários que possibilitem o crescimento em humanidade que, por sua vez, permitem realizar a experiência da fé como fonte. De outro modo, compreendemos que os itinerários formativos devem preocupar-se "não tanto com percursos orientados ao encontro com Deus, mas percursos que habilitam, com Deus, os caminhos da vida. É nesses caminhos que a fé encontra suas razões" (Currò, s.d.).

Geralmente encontramos o conceito de catequese junto à expressão "fazer ecoar". Em uma perspectiva antropológica, podemos definir a catequese como *o ato de fazer ecoar a mensagem no interior de cada pessoa humana*. Enquanto a primeira está relacionada à instrução, a segunda promove a interação entre os processos educativos, experienciais e formativos, considerando principalmente a pessoa e o Espírito Santo que já habita nela como sujeitos principais da catequese. A pessoa não é meramente receptora da mensagem comunicada, ela é sujeito (com o Espírito) do seu próprio processo de conversão. Ao refletir a partir dessa perspectiva, somos motivados a realizar a urgente passagem de uma catequese de instrução para uma catequese compreendida como *educação da fé* e, consequentemente, como *amadurecimento* humano. Não haverá um adulto na fé se seu amadurecimento humano estiver comprometido. A fé se sustenta sob a base humana de cada pessoa.

Nessa reflexão, podemos considerar três questões fundamentais (cf. Meddi, 2021, p. 56-61):

1) *A primeira está em relação com os dinamismos humanos*. Aqui, o Espírito Santo não se sobrepõe à natureza humana, mas a aperfeiçoa. Nesse caso, a catequese, para alcançar a sua finalidade, deve ativar os dinamismos relacionados ao aprendizado humano, os quais possibilitam a *interiorização* da mensagem evangélica com a finalidade de provocar uma reestruturação e reorganização do sujeito.

2) *A segunda considera a experiência religiosa como lugar da autocomunicação divina*. A experiência cristã deve ser compreendida como experiência religiosa. A catequese precisa ajudar a interpretar as experiências religiosas da pessoa, que têm como finalidade o *significado* religioso na pessoa, ou seja, o papel que isso assume na sua existência. A experiência religiosa se dá por meio de uma dinâmica na qual se considera a *linguagem*, que se torna orientação de vida, motivadora de sentido e que auxilia na interpretação da existência humana.

3) *Na terceira, está o desenvolvimento da dimensão religiosa e da maturidade de fé*. Neste caso, mediante a experiência religiosa, a pessoa é capaz de considerar aquilo que é mais importante para a sua vida pessoal: a busca pelo Transcendente. A fé nasce dentro da pessoa, fruto do chamado de Deus, e é sustentada pela ação do Espírito. Por sua vez, a resposta do ser humano à graça do chamado está ligada às suas condições de criatura, existencial e histórica, como pessoa humana, que é capaz de evolução e aprendizado a partir de ações educativo-catequéticas.

O Concílio, ao tratar sobre a educação cristã na declaração *Gravissimum Educationis*, afirmou que a maturidade humana da pessoa é condição para que as dimensões da fé, recebidas em dom, possam amadurecer dentro da pessoa humana (cf. *GE*, n. 2). É tarefa da catequese, e consequentemente do catequista, saber habitar o lugar e o sentido do humano e, ao mesmo tempo, testemunhar como a Revelação se torna, em relação com o sentido e a dignidade do humano, sua fonte inesgotável. Isso porque, como afirma o Diretório de 2020, "a catequese, para tornar inteligível a mensagem cristã, precisa valorizar a experiência humana, que permanece como uma mediação prioritária no acesso à verdade Revelada" (DC, n. 200).

2. Apóstolo André: a pessoa em trans-formação

Como vimos anteriormente, a experiência é um elemento fundamental no processo de transmissão e comunicação da fé dentro da nossa Tradição cristã e que tem sua origem bíblica. Sem ela, os processos de educação da fé permaneceriam incompletos. Pensar a catequese e a evangelização considerando essa perspectiva nos ajudará a elaborar itinerários capazes de alcançar todas as dimensões do processo formativo cristão, cuja finalidade é promover a tão sonhada transformação pessoal que todos desejam no seguimento a Jesus Cristo.

2.1. André, pessoa do encontro

Nossa inspiração neste percurso será o Apóstolo André. Ele, na lista dos Doze, ocupa o segundo lugar no Evangelho segundo Mateus (cf. 10,1-4) e no Evangelho segundo Lucas (cf. 6,13-16) e o quarto lugar no Evangelho segundo Marcos (cf. 3,12-18). O nome "André", de origem grega (*Andreas*), está relacionado com a palavra "varão" (*andrós*) no sentido de ser homem, que tem a mesma raiz que a palavra *ánthropos*, que significa "ser humano". Outro sentido também é que "o nome de André (Varonil) poderia estar em relação com a designação dada por João a Jesus (1,30: 'atrás de mim chega um homem/varão'; cf. *anér/andrós – Andreas*). João frisaria, assim, a qualidade de adultos (homens feitos) própria dos discípulos que compreenderam a realidade de Jesus e participaram da sua vida" (Mateos; Barreto, 1999, p. 111, nota 1). André era da cidade de Betsaida, na Galileia (cf. Jo 1,44), lugar de pescadores. Ele é o primeiro discípulo chamado por Jesus.

Quem é esse homem? André é irmão de Simão Pedro, como expressam os evangelhos: "Caminhando junto ao Mar da Galileia, Jesus viu dois irmãos: Simão, chamado Pedro, e seu irmão André. Estavam lançando as redes ao mar, pois eram pescadores. Jesus lhes disse: 'Vinde após mim, e eu farei de vós pescadores de homens'. Então, imediatamente, eles deixaram as redes e o seguiram" (Mt 4,18; Mc 1,16-17). Identifica-se o lugar de onde André é chamado e a sua profissão: vive junto ao mar e é pescador.

No entanto André é um discípulo de João Batista (cf. Jo 1,35) que está à procura da esperança de Israel. Assim, como o Batista, também esse homem está na expectativa do Messias. Ele ouve do próprio João: "Eis o Cordeiro de Deus" (Jo 1,36). André e o outro discípulo (que o texto bíblico não identifica, mas que, segundo os pesquisadores, é o próprio evangelista João), ao ouvirem tal afirmação, decidiram imediatamente pelo seguimento a Jesus. O seguimento de André constitui uma resposta imediata diante da afirmação de João Batista. André, juntamente ao outro discípulo, ao ouvir da boca de João a afirmação, reconhece nesse homem o Messias, aquele que fará cumprir a Nova Aliança, a verdadeira luz que ilumina o mundo (cf. Jo 1,9).

Os discípulos de João Batista são preparados para a espera de Jesus. Portanto, ao escutarem as palavras do Batista, compreendem a sua mensagem e decidem seguir Jesus. Essa mensagem encontra neles uma *predisposição* que é marcada pela capacidade de *escutar* a Palavra de Jesus. Diz-nos o relato bíblico que os dois *seguiram* Jesus. Seguir é próprio de quem deseja ser discípulo e aprender com o Mestre. Diante dessa predisposição, Jesus lhes dirige a Palavra: "Que procurais?" (Jo 1,38).

Jesus inicia com as perguntas. Mais precisamente, ele inicia com uma *pergunta existencial*, pois esses dois homens buscam algo que lhes dê sentido para a vida. A pergunta feita por Jesus traz a autenticidade da busca desses dois homens. Jesus quer saber qual é o objetivo que eles trazem consigo. A resposta à indagação de Jesus se dá também em forma de pergunta: "Rabi – que quer dizer Mestre –, onde moras?" (Jo 1,38). Diante da primeira questão, André e o outro discípulo respondem revelando o que está dentro de si, isto é, expressam o desejo de uma relação íntima e profunda que só pode ser estabelecida à medida que se está onde o Mestre habita. Eles o chamam e o reconhecem por Mestre, o que significa que estão dispostos a segui--lo e a aprender com ele. Querem realizar uma *experiência* com Jesus. Ser discípulo não é implesmente aprender um conjunto de verdades, mas *aprender* um estilo de vida e, para isso acontecer, só convivendo com o Mestre.

Nesse caso, a resposta do "vinde e vereis" ganha sentido porque a casa do Mestre torna-se o *lugar* onde o discípulo pode *conhecer* e *ser conhecido*, responder e ser respondido, escutar e ser escutado, amar e ser amado, *experimentar* e ser transformado e, com isso, iniciar um processo de aprendizado que durará a vida toda. Diz-nos o relato bíblico que eles "foram, viram onde morava e permaneceram com ele naquele dia" (Jo 1,39). Três movimentos: ir, ver e permanecer. Esse é o movimento daqueles que querem autenticamente aprender com o Mestre e segui-lo. Só consegue encontrar verdadeiramente o Mestre aquele que *permanece* (habita) com Ele. É na experiência de conviverem com Ele que encontrarão as respostas às suas buscas. O modelo de encontro que o discípulo de Jesus precisa cultivar é o desejo de estar com Ele.

Depois desse encontro, André não guarda sua experiência para si, mas vai na direção de seu irmão Simão Pedro e lhe confessa: "Encontramos o Messias" (Jo 1,41) e o conduz até Jesus. André quer partilhar o que ele mesmo encontrou e a *experiência* que ele mesmo viveu. André conduz Pedro a Jesus porque ele próprio foi capaz de encontrá-lo. André testemunha-o. Só é capaz de testemunhar quem antes é capaz de viver algo em profundidade. Jesus não pode ser testemunhado e conhecido por meio de simples informações doutrinais da sua pessoa, mas sobretudo pela experiência do encontro pessoal, o que hoje chamamos de anúncio querigmático.

A expressão de André, ao anunciar para seu irmão, está no plural: *encontramos*. Embora sendo uma experiência de caráter pessoal, não é individual, mas comunitária. Aqui, dá-se início a uma nova comunidade, aquela dos seguidores de Jesus que irão receber do seu Espírito e na qual vão fazer-se filhos de Deus (cf. Jo 1,13) (cf. Mateos; Barreto, 1999, p. 110). Só consegue realizar a experiência do encontro aquele que decide *deixar as redes e seguir*; e quem assim o fizer, logicamente fará uma bela experiência comunitária da fé.

2.2. André, o homem formado pelo Espírito

Um segundo elemento significativo com relação a André, encontramos no quarto sinal do Evangelho segundo João, o sinal do pão (cf. Jo 6,1-15). Uma multidão vai ao encontro de Jesus para ver os sinais que Ele fazia. O contexto aqui é a aproximação da festa da Páscoa. Jesus vai à montanha com os seus discípulos. Diante da multidão, Ele dirige-se a um dos seus, chamado Filipe, e lhe faz uma importante pergunta: "Onde vamos comprar pão para que estes possam comer?" (Jo 6,5). Nota-se que a pergunta é dirigida para Filipe, mas está também no plural: *onde vamos*. Esse questionamento é para a comunidade dos discípulos que Jesus quer formar. Filipe, ao responder que "nem duzentos denários de pão bastariam para dar um pouquinho a cada um" (Jo 6,7), não pensa na partilha como ação gratuita e como sinal do próprio Deus no meio de sua gente, mas pensa com a lógica humana da compra e da venda. Ele ainda não compreendeu o verdadeiro sinal messiânico de Jesus. Não compreendeu verdadeiramente o Messias.

Contudo tanto Jesus quanto os seus estão inseridos em um contexto de um regime político e econômico que gera total dependência das pessoas, no qual se produz uma multidão de famintos. Jesus, ao não aceitar essa estrutura injusta que não promove a vida, quer verificar até que ponto os seus discípulos estão em um processo de *amadu-recimento* e *discernimento*. Quer conferir até que ponto esses homens que Ele mesmo escolheu podem ser considerados adultos.

É nesse contexto que surge o Apóstolo André com uma constatação: "Está aqui um menino com cinco pães de cevada e dois peixes. O que é isso, porém, para tanta gente?" (Jo 6,9). André verifica que existe um menino que traz em sua bolsa cinco pães e dois peixes e, logo em seguida, interroga a insuficiência diante da necessidade da multidão. A imagem do menino deve ser a imagem do verdadeiro discípulo, que coloca aquilo que tem à disposição de Jesus e do povo faminto. Esse é o modelo do discípulo de Jesus.

André, que conviveu com Ele e o conhece, é o discípulo que compreende Jesus como o Messias que vem para trazer a novidade da Nova Aliança. Nota-se que André não irá responder a nenhum questionamento de Jesus, porém, com sua percepção atenta aos *sinais* à sua volta, irá verificar a realidade e informá-lo. Sua posição é diferente da de Filipe, que pensa a lógica da compra. André compreendeu bem o que significou *estar* com Jesus, aprender com Ele e dar-se gratuitamente por amor (cf. Jo 1,39). O ponto de partida para Jesus é a simplicidade que se encontra na figura do menino/pequeno apontado por André. Esse apóstolo traz um senso de realismo. Ele *viu* o menino com os pães e os peixes, conseguiu *ler a realidade*, interpretando-a, e colocou-se a serviço.

No relato bíblico há uma profunda relação entre a palavra de André (cf. Jo 6,9) e a palavra usada por Jesus, o qual manda os *homens* se sentarem na relva (cf. Jo 6,10). Jesus não pede para a multidão sentar-se, mas dá a ordem para os discípulos orga-nizarem. "Aparece, assim, o contraste entre André, o homem adulto, e o 'menino', que constitui figura da comunidade, a qual é, por um lado, varão adulto, ou seja, homens formados pelo Espírito" (Mateos; Barreto, 1999, p. 303-304). Por meio do Apóstolo André, Jesus quer indicar aos discípulos qual é uma das principais tarefas da comunidade e de um adulto pertencente a ela: (1) escutar, (2) ler a realidade, (3) discernir, (4) interpretar a fim de perceber a manifestação da generosidade de Deus Pai no gesto da partilha como ação de graças.

É tarefa fundamental dos discípulos de Jesus, entre eles André, aprender a partilhar o amor e o pão, *koinonia* e Eucaristia, elementos que constituem a base da comuni-dade dos discípulos de Jesus. Aqui nasce a comunidade messiânica de homens adul-tos que serão amadurecidos pelo Espírito. Homens que, após a ressurreição e cheios do Espírito, agirão em nome de Jesus no mundo. *O que isso tem a dizer ou a indicar ao processo de formação para o ministério de catequista?*

2.3. André, pessoa atenta aos sinais dos tempos

Neste nosso itinerário, um terceiro elemento importante nos é oferecido para inspirar o exercício do *ministério de catequista* a partir do Apóstolo André. Jesus está em Jerusalém e, saindo do templo, um dos seus discípulos comenta com ele a obra maravilhosa da construção do templo. Diante disso, Jesus lhe responde: "Estás vendo essas grandes construções? Não ficará pedra sobre pedra. Tudo será destruído!" (Mc 13,2). Diante de tal questão, André, que está com Pedro, Tiago e João, pergunta a Jesus: "Conta-nos: quando será e que sinal haverá quando essas coisas todas começarem a se cumprir?" (Mc 13,4). Jesus convida os seus discípulos a lerem com atenção os sinais dos tempos e, dessa forma, permanecerem vigilantes (cf. Mc 13,33-37). Em André, encontramos dois movimentos próprios de quem está na escola do discipulado de Jesus: a capacidade de perguntar e a capacidade de escutar (cf. Mc 13,1-4).

Outro momento importante no qual André está presente acontece também em Jerusalém, na festa da Páscoa, antes da Paixão de Jesus. Para essa festa estavam presentes alguns gregos (cf. Jo 12,20). Estes, com o desejo de *ver Jesus*, solicitaram a André e a Filipe que os ajudassem como mediadores e tradutores para chegar até Ele. Jesus, tendo em vista o desejo dos gregos, oferece uma resposta também aos dois discípulos:

> Chegou a hora em que o Filho do Homem vai ser glorificado. Em verdade, em verdade vos digo: se o grão de trigo que cai na terra não morre, fica só; mas, se morre, produz muito fruto. Quem ama a sua vida, perde-a; mas quem se desapega de sua vida neste mundo, há de guardá-la para a vida eterna. Se alguém quer me servir, siga-me, e, onde eu estiver, estará também aquele que me serve. Se alguém me serve, meu Pai o honrará (Jo 12,23-26).

André, que já fez a experiência de estar com Jesus, servirá de mediador para que outros, que não são judeus, façam essa mesma experiência. André serve de mediador porque já vive com Jesus (cf. Jo 1,39). Já Filipe não toma a iniciativa de ir diretamente ter com Jesus, mas vai dizer para André. Aqui apresentam-se dois modelos de discípulos e, ao mesmo tempo, duas compreensões de messianismo. Enquanto Filipe não compreendeu quem é Jesus, André já realizou a *experiência* de *estar com Ele* e, por isso, é possível testemunhá-lo para os outros que ainda não o conhecem.

A palavra de Jesus é dirigida aos seus discípulos e não aos gregos. Será tarefa dos discípulos de Jesus anunciar o Reino aos não judeus. André transmitiu essa mensagem aos gregos e é considerado o seu apóstolo. Ele será presença de Jesus no mundo grego. Esta é a primeira tarefa do discípulo de Jesus: ser presença do Mestre em qualquer situação e realidade. Jesus, ao anunciar o fim do templo de Jerusalém e, com isso, o início de um novo culto, o do amor (cf. Jo 4,21) e o da adoração em Espírito e Verdade (cf. Jo 4,24), quer que o seu discípulo seja pessoa aberta a outras culturas para promover a experiência com Cristo e a tão sonhada fraternidade universal motivada pelo Papa Francisco (cf. *FT*, n. 106). Enfim, quer que o discípulo seja pessoa de profundo diálogo.

3. Elementos de inspiração para o exercício do ministério de catequista

Após um percurso inspirado na descoberta e no aprofundamento do ser humano a partir de Jesus Cristo, do Magistério da Igreja e do Apóstolo André, resta-nos agora apresentar algumas propostas que servirão para cada comunidade e, consequentemente, para cada catequista aprofundar a sua vocação e missão, a fim de preparar-se de maneira coerente e à altura que esse ministério exige. Propomos aqui uma reflexão considerando três elementos importantes.

3.1. O catequista, pessoa que sabe ler os sinais dos tempos

Vamos partir das palavras do próprio Jesus, a fim de tentar compreender o quanto é importante para todo catequista saber ler os sinais dos tempos, isto é, estar profundamente inserido na realidade em que vive, percebendo nela os sinais da ação de Deus, que acompanha a história e vai construindo com cada um de nós uma história de amor, pertença e cumplicidade – uma "aliança". Acompanhemos o que o evangelista Lucas nos apresenta:

> Dizia ainda ao povo: "Quando vedes levantar-se uma nuvem no poente, logo dizeis: 'Aí vem chuva'. E assim sucede. Quando vedes soprar o vento do Sul, dizeis: 'Haverá calor'. E assim acontece. Hipócritas! Sabeis distinguir os aspectos do céu e da terra; como, pois, não sabeis reconhecer o tempo presente? Por que também não julgais por vós mesmos o que é justo?" (Lc 12,54-57).

Diante dessas duras palavras de Jesus, precisamos nos desinstalar e refletir: continuamos sabendo compreender alguns sinais da natureza, da sociedade e até do mundo digital e globalizado que nos envolve; mas será que estamos sabendo ler os sinais da ação de Deus em tudo isso? O catequista precisa ser uma pessoa atenta à realidade, mas só isso não basta; precisa dar um passo a mais; deverá saber associar as demandas da realidade na qual está mergulhado com a presença e ação amorosa de Deus, que acompanha a história e vai nos conduzindo nos caminhos de sua vontade e nos sustentando com a sua graça. O catequista precisa ser como o Apóstolo André: perceber a fome do povo e também onde estão os cinco pães e dois peixes que pode colocar nas mãos do Senhor, para que a graça da multiplicação aconteça. O Papa Francisco apresenta três atitudes que podem ajudar o catequista a ser pessoa que sabe ler e discernir os sinais dos tempos: silêncio, reflexão e oração (Francisco, 2015). Vejamos como essas atitudes são fundamentais para todo catequista.

Iniciemos pelo silêncio. Precisamos do silêncio para que possamos contemplar a realidade e perceber os inúmeros sinais de sofrimento e angústia que cercam as pessoas do nosso tempo. Silêncio para não nos deixarmos sufocar com os inúmeros ruídos de fora, que não nos permitem escutar a Palavra de Deus e encontrar nela a fonte da esperança, que pode devolver às pessoas o verdadeiro sentido da vida. Silêncio para acalmarmos os corações agitados pelo ritmo frenético do cotidiano, que nos coloca em um modo de vida que praticamente nos deixa sem tempo para ler os sinais da realidade e muito menos para que possamos perceber que temos um Deus amoroso que caminha conosco pelas estradas da vida e nos convida a transformar essa realidade a partir de sua Palavra.

Além disso, o silêncio nos ajuda na próxima atitude proposta pelo Papa, que é a capacidade de reflexão. É fundamental que o catequista olhe para a realidade e reflita: será que estamos vivendo de acordo com o que Jesus ensinou? Será que estamos sendo sinais da presença de Deus junto aos homens ou estamos deixando a vida nos levar? Quem não se coloca em atitude de reflexão diante dos sinais dos tempos acaba perdendo a capacidade de agir com consciência, de agir pautado pelo Evangelho. O catequista precisa ser pessoa que reflete e propõe alternativas aos sinais de morte que envolvem as pessoas. Precisamos testemunhar o Evangelho da vida e agir pautados nesse Evangelho. Sem silêncio e reflexão, perdemos a força e o foco nas ações transformadoras que Jesus ensinou.

Depois que silenciamos para contemplar a realidade e refletimos sobre os sinais dos tempos, precisamos dar um passo além, precisamos dobrar os joelhos e colocarmo-nos em atitude de oração. Só o diálogo profundo com o Senhor nos dará a capacidade de discernir sobre aquilo que podemos realizar para fortalecer as situações que já estão alicerçadas na Palavra de Deus em nossas realidades e aquelas situações que precisam ser mudadas, a partir daquilo que a leitura dos sinais dos tempos nos fez perceber. Quanta coisa podemos aprender com toda a história do Povo de Deus e a partir dessa sabedoria cristã; certamente o catequista vai encontrar muitas formas criativas de transformar a realidade. A oração fecunda o coração e leva a uma nova forma de olhar o mundo e de agir nele. Precisamos trazer para a nossa realidade formativa essas três atitudes (silêncio, reflexão e oração) para que realmente seja possível desenvolver a capacidade de ler os sinais dos tempos.

3.2. O catequista, pessoa de profunda experiência e trans-formação

"Se encontramos Cristo em nossas vidas, então não podemos simplesmente guardá-lo somente para nós. É crucial que compartilhemos essa experiência também com os outros; esse é o caminho principal da evangelização" (cf. Francisco, 2019). Essa afirmação nos ajuda a compreender o ponto de partida de toda ação catequética – a experiência do encontro com Deus, que transformou a vida do catequista. Sem essa experiência fundante, nossas palavras se tornam apenas lições estéreis e não conseguem atingir o coração das pessoas. É por isso que muitas vezes nós nos desgastamos tentando levar o anúncio do Evangelho, mas parece que estamos correndo em vão, parece que tudo que fazemos não incide no coração das pessoas. Talvez seja a hora de pararmos para refletir: será que o que anunciamos brota realmente de uma experiência de encontro com Cristo, que transformou radicalmente minha vida? Ou estou falando apenas da boca para fora? O que faz com que certas pessoas, ao falarem do Evangelho, de Jesus, de seu caminho com Ele, consigam despertar em outros a vontade de conhecer o Senhor e passar também por uma experiência com Ele, a fim de terem também suas vidas transformadas?

Poderíamos nos fazer ainda muitos outros questionamentos, mas não podemos nos ater apenas a reflexões pessimistas e constatações negativas. Há a necessidade de colocar o foco naquilo que pode nos ajudar a encontrar os caminhos para uma catequese realmente querigmática e mistagógica, uma catequese que verdadeiramente realiza o anúncio de Jesus e acompanha aqueles que receberam esse anúncio, a fim de que sejam inseridos na vida comunitária, lugar da vivência e da celebração da fé.

Então coloquemos o foco mais uma vez em André. Ele fez uma profunda experiência de Jesus, conforme o Evangelista João nos relata (cf. Jo 1,35-42), e certamente essa experiência transformou sua vida, seu modo de ser e de ver o mundo, a tal ponto que André foi imediatamente partilhar sua experiência com seu irmão Simão Pedro. Imagine a força das palavras de André ao contar para Pedro a experiência que havia tido, imagine o brilho em seu olhar. Eis uma das chaves importantes para nossos questionamentos: esse brilho no olhar de quem encontrou um grande tesouro, de quem fez uma experiência daquele que dá novo sentido a tudo! Encontrar-se com Jesus, experimentar de sua presença vivificante e salvífica, deixar-se transformar por Ele, deixar que Ele traga a seiva da *vida* verdadeira para todas as dimensões de nossas vidas, eis o caminho.

Mas ainda há mais uma questão que precisamos levantar aqui, tão importante quanto as outras já apontadas e que se dirige mais diretamente aos coordenadores e formadores de catequistas: como fazer com que os processos formativos de catequistas sejam espaços de encontro e experiência com Jesus, a ponto de nossos catequistas tornarem-se pessoas de trans-formação? Como ajudar os catequistas a deixarem-se formar pela ação do Espírito, a tal ponto que a prática catequética dos mesmos transforme suas ações cotidianas? Certamente conhecemos muitos catequistas que já passaram por inúmeras etapas de formação, encontros, retiros, escolas catequéticas, mas continuam sem ter feito a verdadeira experiência com Cristo, sem ter mudado seu modo de ser e agir. Talvez, se isso acontece entre nós, no que estamos falhando? O que precisamos mudar em nossos processos formativos?

Pode ser que estejamos apenas falando de Jesus, apresentando conceitos e teorias sobre Ele sem realmente proporcionar espaços e momentos de encontro com Ele. Elaboramos esquemas e projetos formativos maravilhosos, mas nos esquecemos de formar a sensibilidade dos catequistas para reconhecer a presença do Ressuscitado, que caminha conosco e se põe ao nosso lado de tantas maneiras – na Palavra, nos sacramentos, na comunidade reunida, nas alegrias e nos sofrimentos das pessoas.

Para que tenhamos catequistas que sejam pessoas de experiência transformadora, primeiramente necessitamos transformar a nossa maneira de fazer formação, precisamos realizar a elaboração de itinerários nos quais o conteúdo contribua para uma formação mistagógica e que ajude nossos catequistas e experimentar o encontro com Jesus, um encontro capaz de transformar a vida em sua totalidade. Resgatar a linguagem simbólica, própria da Liturgia, pode ser um belo caminho para dar início a esse processo. Como os discípulos de Emaús reconheceram Jesus ao partir o pão, porque já tinham experimentado essa ação de Jesus tantas vezes, precisamos educar o olhar para reconhecê-lo e nos tornarmos sinais de sua presença às pessoas de nosso tempo, como André foi para os gregos.

3.3. O catequista, pessoa que promove a cultura do encontro

Não temos como pensar em Jesus sem associá-lo às diversas pessoas com as quais Ele realizou um encontro profundo e transformador pelos caminhos da Galileia, da Samaria e da Judeia. Lembremos aqui de alguns desses encontros – tente fazer memória do encontro do Senhor com André, com Pedro, com Tiago e João, com a samaritana, com o cego de Jericó, com Zaqueu, com a viúva de Naim, com os discípulos de Emaús e com tantas outras pessoas que os evangelistas nos apresentam. O que fez com que esses encontros fossem tão especiais, a ponto de essas pessoas mudarem completamente suas vidas e serem transformadas segundo a Palavra de Jesus?

Certamente um dos fatores-chave foi a forma como Jesus agiu no processo do encontro. Ele não apenas cruzou com essas pessoas, não passou rapidamente por elas. Ele as encontrou, com todo o seu ser, com toda a sua atenção e com toda a sua compaixão voltada para cada um. Não teve pressa, porque não tinha outros mil compromissos na agenda. Naquele momento o compromisso de Jesus era com aquela pessoa que estava diante dele. Isso deu qualidade aos encontros. Cada um sentiu-se acolhido, amado, compreendido. Ninguém se sentiu descartado.

O catequista precisa olhar para Jesus e aprender com o Senhor a ser um promotor da cultura do encontro. A ser uma pessoa que reconhece que não há nada mais urgente do que olhar para o outro e dar-lhe um pouco do nosso tempo, da nossa atenção. Não há como catequizar sem ter tempo para encontros profundos.

Na encarnação, Jesus veio ao nosso encontro, falou com a linguagem humana, comeu, dormiu, caminhou e viveu tudo aquilo que cada um de nós vive, exceto a dimensão do pecado. Ele veio e quis nos encontrar. Mas não parou nisso. Jesus, ao instruir os Doze e formar comunidade com eles, ofereceu a todos os batizados a missão de sermos continuadores desses encontros transformadores. Como membros do Corpo de Cristo, a Igreja, somos portadores da presença de Cristo em nós. Mediante essa presença, muitos outros Andrés, Pedros e Zaqueus poderão encontrar-se com o Senhor.

É urgente e indispensável que a cultura do encontro supere a cultura da indiferença, do descarte, da utilidade, da pressa. Como catequistas, precisamos fazer a diferença em nossas comunidades e na vida das pessoas, pois somos chamados a ser agentes de transformação, capazes de ir para o meio das pessoas e estabelecer laços, a partir de encontros verdadeiros, frutuosos, restauradores, fecundos e cheios da presença de Cristo, que vem oferecer uma alternativa sempre nova, a única alternativa capaz de dar às pessoas um sentido verdadeiro para a vida, a alternativa que é "Boa-nova".

Os nossos espaços formativos devem nos educar para essa cultura do encontro. Tantas vezes chamamos as nossas formações de "encontros". Mas será que realmente compreendemos a profundidade dessa palavra? Os encontros de Jesus com o seu povo tinham muitas características peculiares, eram encontros de acolhida, de ajuda, de serviço, de compaixão, de ternura, de transformação de vidas. Que tipo de encontros estamos realizando?

Também os fariseus, Pôncio Pilatos e o jovem rico encontraram Jesus, mas não se deixaram encontrar por Ele! Apenas cruzaram com Jesus em algum momento, sem deixar que o verdadeiro encontro acontecesse. Poderíamos comparar esses encontros a uma pessoa que vai para perto de uma cachoeira com capa de chuva, bota, chapéu e guarda-chuva. Ela se encontra perto daquela abundância de água, mas está "impermeável". Não se deixou tocar pela graça que tinha diante de si. Não é esse tipo de encontro que o catequista quer experimentar e proporcionar. Queremos fazer e refazer a cada dia nosso encontro com Jesus, que se deixa encontrar na Palavra, nos sacramentos, na comunidade reunida, nos outros e de tantas outras maneiras, para que estejamos em total sintonia com Ele e para que possamos ser realmente promotores da cultura do encontro.

4. Exercícios para aprofundar a reflexão sobre o ministério de catequista

Apresentaremos agora alguns exercícios práticos cujo objetivo é contribuir com o leitor e sua formação a serviço do ministério em sua comunidade. Aqui se estabelece a associação entre os elementos apresentados na reflexão e a prática catequética (que pode acontecer tanto na reflexão pessoal quanto no grupo de catequistas).

4.1. A partir das reflexões sobre o primeiro elemento da dimensão antropológica do ministério de catequista, a virada antropológica do Concílio Vaticano II, identifique em cada um dos pontos apresentados alguns elementos que poderiam servir de fundamento para a prática ministerial.

- Inspirações que surgem a partir da virada antropológica do Concílio Vaticano II:

_____

_____

_____

- Elementos de destaque na reflexão sobre o ser humano como presença de Deus no mundo:

_____

_____

_____

- Uma catequese centrada na experiência e na interpretação dos sinais dos tempos, elementos-chave para a prática ministerial:

_____

_____

_____

4.2. Quais os principais aprendizados que o Apóstolo André, pessoa que se deixou transformar-se pelo Espírito, sinaliza a partir daquilo que refletimos no texto?

- Com André, pessoa do encontro, aprendemos:

_____

_____

_____

• Com André, o homem formado pelo Espírito, aprendemos:

_____

_____

_____

• Com André, pessoa atenta aos sinais dos tempos, aprendemos:

_____

_____

_____

4.3. *Dentre os elementos de inspiração para o exercício do* ministério de catequista, *quais foram os que mais chamaram a atenção? Como esses elementos podem ser incorporados na prática catequética?*

> O catequista: pessoa que sabe ler os sinais dos tempos

> O catequista, pessoa de experiência e trans-formação

> O catequista, pessoa que promove a cultura do encontro

MOMENTO CELEBRATIVO

Após o estudo do capítulo 2 (individualmente ou no grupo de catequistas), o coordenador ou a equipe de coordenação do grupo preparará um momento celebrativo, conforme as orientações a seguir.

Recursos necessários (providenciar antecipadamente)

- Recortes e/ou impressos de jornais e revistas com reportagens de situações atuais (calcular pelo menos um recorte para cada participante).
- 1 folha de papel em branco para cada participante.
- 1 tecido grande.
- 2 cestas grandes – colocar em uma delas cinco pães, e na outra, a imagem de dois peixes.
- 1 Bíblia.

Preparação do ambiente

- No dia da celebração, colocar no chão, no centro da sala, as imagens recortadas e/ou impressas dos jornais ou revistas.
- Enquanto os participantes realizam as atividades, o dirigente prepara o ambiente para o momento orante, colocando no centro da sala um tecido e sobre o tecido as duas cestas com os cinco pães e a imagem dos dois peixes.

Celebração

- Acolher a todos com alegria.
- Orientar os participantes a andarem ao redor das imagens recortadas dos jornais e revistas e escolherem aquela situação que mais lhes chama a atenção.
- Assim que todos estiverem com sua imagem em mãos, entregar uma folha em branco para cada um e pedir que realizem individualmente as seguintes atividades:
  1) **Contemplar** a situação apresentada na imagem em silêncio, procurando ler os sinais que a imagem traz;
  2) **Refletir** sobre a situação e sobre os sinais encontrados, procurando perceber o que Deus quer dizer a partir da imagem. Escrever na folha os pontos-chave da reflexão, buscando encontrar no próprio cotidiano os cinco pães e os dois peixes que poderiam ser colocados nas mãos de Jesus para transformar a situação da imagem, a partir dos valores do Evangelho;
- Para essas duas etapas, cada um terá um tempo de 15 a 20 minutos.

Momento orante

- Quando todos finalizarem as etapas anteriores, o dirigente reunirá o grupo ao redor do tecido com as duas cestas e pedirá que cada um pense em uma frase que resuma a situação que estava na sua imagem e os pães e peixes encontrados na própria reflexão e que poderiam transformar aquela realidade a partir dos ensinamentos do Jesus.
- Após uns instantes de silêncio para que todos pensem e elaborem a sua frase, o dirigente chamará cada um pelo nome, pedindo que a pessoa chamada diga a sua frase, mostre a sua imagem e a coloque, junto à folha da reflexão, em uma das cestas que está no centro.
- Após a fala de cada um, enquanto a pessoa vai colocar a imagem e a folha na cesta, o grupo dirá a seguinte frase: *Dai-lhe vós mesmos de comer*.
- Se for possível, conduzir o grupo até a capela do Santíssimo, levando as duas cestas, para que cada um possa ter seu momento de encontro profundo com o Senhor, no qual será motivado a entregar nas mãos dele os "pães e peixes", a fim de que o Senhor os transforme com sua graça.
- Finalizar o momento orante rezando a oração do Pai-nosso e cantando uma música adequada ao contexto da oração.
- Se for oportuno, poderá ser organizado um lanche após a celebração.

3

A dimensão vocacional do ministério de catequista

O catequista antes de tudo é uma pessoa que foi encontrada por Deus. Ser catequista é uma *vocação*, como insiste o Papa Francisco. O exercício do *ministério de catequista* é uma resposta diante do chamado realizado por Deus, cuja finalidade é o serviço.

Ser chamado para o exercício de uma vocação coincide com a vida divina de que cada pessoa é portadora, porque a iniciativa é sempre de Deus, que chama pela ação do seu Espírito com o objetivo de edificar a Igreja, que está a serviço do Reino de Deus. Se a missão da Igreja é evangelizar, como afirmou o Papa Paulo VI, isto é, tornar Deus presente no mundo pelo anúncio do Evangelho (cf. *EN*, n. 14); logo, a tarefa de cada batizado pelo dom da vocação, especialmente a de cada catequista, é, pela força do Evangelho, *humanizar* o mundo com a presença de Deus. O percurso que agora propomos para o terceiro capítulo irá aprofundar a dimensão vocacional do ministério. O ponto de partida, como nos capítulos anteriores, também será as intuições do Concílio Vaticano II, cujo objetivo é apresentar elementos para as comunidades eclesiais com a finalidade de auxiliar no processo formativo dos catequistas. Nicodemos será nossa fonte de inspiração bíblica.

1. Vocação e convocação, identidade e missão

Para compreender melhor a instituição do *ministério de catequista* que o *motu proprio Antiquum Ministerium* nos apresenta, propomos como ponto de partida as reflexões oferecidas pelo Concílio por meio da constituição *Lumen Gentium*, do decreto *Apostolicam Actuositatem*, da exortação de Paulo VI *Evangelii Nuntiandi*, da exortação de João Paulo II *Christifidelis Laici* e da exortação de Francisco *Evangelii Gaudium*.

Embora a vocação seja dada de maneira pessoal a cada um, sua característica não é individual. A vocação que cada um recebe de Deus não é um dom para si mesmo, mas está sempre voltada em direção aos outros. Foi assim com todas as pessoas chamadas por Deus na Bíblia. O chamado tem que ver com a dinâmica do Espírito na diversidade dos carismas que está a serviço da Igreja (vida comunitária) e da humanidade (para o bem comum de todos os seres humanos na construção da fraternidade universal). A vocação de um catequista e de uma catequista está também em estreita relação com a comunidade eclesial e com a dimensão antropológica, temas aprofundados nos capítulos anteriores.

1.1. Vocação humana e vocação cristã

O *motu proprio Antiquum Ministerium* estabelece que o *ministério de catequista* "possui um forte valor vocacional" (*AM*, n. 8). Esse ministério é essencialmente vocacional porque uma das suas finalidades é promover e favorecer nos catequizandos uma *resposta de fé* que, por sua vez, sempre se apresenta por meio de um chamado divino. Desse modo, os catequistas e a catequese em si mesma têm um forte caráter vocacional porque, ao estarem a serviço da Palavra de Deus, têm por objetivo iluminar as situações da vida, a fim de fazer cada pessoa descobrir e viver sua vocação cristã no mundo a partir da escuta e do contato com essa Palavra. Sendo assim, duas características são importantes: o *ministério de catequista* é a acolhida de um chamado da parte de Deus e, ao mesmo tempo o catequista, no exercício da sua vocação, proclama e apresenta uma mensagem que chama e interpela a todos para o seguimento a Jesus Cristo, promovendo uma diversidade de respostas nas quais se manifesta a dimensão eclesial da vocação, pela qual todos são chamados à santidade, conforme afirmou o Apóstolo Paulo e onde a vontade de Deus é a santificação do gênero humano (cf. 1Ts 4,3).

O Concílio Vaticano II retomou o tema da vocação tratando, por meio da constituição *Lumen Gentium*, da vocação universal à santidade na Igreja, porque, nela, *todos são chamados à santidade* (cf. *LG*, n. 39) e, pela ação do Espírito Santo, todos os crentes, seja qual for sua condição de vida e estado, "são chamados à plenitude da vida cristã e à perfeição da caridade" (*LG*, n. 40), encontrando em Cristo o modelo de perfeição. Nota-se que o número 40 da *Lumen Gentium* destaca o chamado gratuito da parte de Deus, que interpela a pessoa a uma resposta. A elaboração da resposta, por sua vez, é iniciada com o Batismo, que possibilita não somente a filiação divina, mas também a participação na natureza divina. Essa vocação recebida no Batismo realiza-se na experiência cotidiana da fé com lugares e pessoas concretas. Ainda, o Concílio lembra que a vocação a que todos são chamados apresenta o aspecto pessoal e comunitário. Essa vocação universal à santidade é, segundo *Lumen Gentium*, n. 41, cultivada pelas mais variadas formas de exercício, cada uma segundo os dons e funções guiados pelo Espírito no cultivo da fé viva, na prática da esperança e da caridade, tanto para a vocação ao ministério ordenado quanto para os leigos.

Com relação aos leigos, essa reflexão é realizada no decreto *Apostolicam Actuositatem* (*AA*), que trata da vocação e missão dos leigos e leigas na Igreja e no mundo. O Concílio, por meio desse decreto, afirmou que o *serviço* dos leigos deriva da vocação cristã e sua presença na Igreja é *fecunda* desde o tempo apostólico (cf. *AA*, n. 1). No entanto reservou a categoria "ministério" ao sacerdócio ordenado nas suas diversas formas e funções, enquanto para os leigos adotou a expressão "apostolado" para indicar o serviço específico dentro da missão eclesial em virtude do Batismo que envia para a missão na Igreja (*ad intra*) e no mundo (*ad extra*). De certo modo, o vocábulo "apostolado" já foi superado no decorrer do tempo.

O decreto *Apostolicam Actuositatem*, ao afirmar que existe uma diversidade de ministérios, explicita que todos eles estão na direção de promover a unidade da missão da Igreja e define que "os leigos, tornados participantes do múnus sacerdotal, profético e régio de Cristo, realizam na Igreja e no mundo a parte que lhes cabe na missão de todo o Povo de Deus" (*AA*, n. 2). Esse decreto conciliar retoma o capítulo IV da constituição dogmática sobre a Igreja, *Lumen Gentium* (*LG*, n. 31), em que cada pessoa com sua vocação, pela graça do Batismo, participa da vocação do Cristo e da sua missão a partir das três funções (tríplice múnus) de Cristo confiadas pelo Pai: *sacerdotal*, *profética* e *régia*.

Antes mesmo da realização do Concílio Vaticano II, o debate sobre a vocação laical já vinha sendo desenvolvido por autores como Gérard Philips (1899-1972), teólogo belga, ao afirmar que, em termos de vocação, a decisão final pertence sempre ao Espírito Santo. Este, além de chamar, também determina o gênero da vocação. Com isso, não cabe à pessoa planejar o caminho, mas seguir o caminho indicado pela graça concedida pelo Espírito (cf. Philips, 1956, p. 203). Já logo após a conclusão do

Concílio, no processo de recepção deste, elabora-se na reflexão a distinção entre o sacerdócio ministerial (que tem como finalidade a edificação da comunidade eclesial) e o sacerdócio comum dos fiéis (como testemunho batismal por meio da fé). Nisso, os leigos, pela graça do Batismo, são incorporados em Cristo e, por isso, têm sua vocação e missão realizadas no exercício do *tríplice múnus* de Cristo, isto é, participam das três funções de Cristo (cf. Congar, 1966).

A vocação dos leigos tem sua raiz no Batismo, que faz do batizado um filho de Deus e o envolve no Corpo de Cristo, que é a Igreja. Essa incorporação requer do batizado um caminho de *consciência* e de *graça*, a fim de que, como o próprio Concílio expressou, "os seguidores de Cristo, que Deus chamou e justificou no Senhor Jesus, não pelos seus méritos mas por seu desígnio e sua graça, foram feitos no Batismo da fé verdadeiros filhos de Deus e participantes da natureza divina, e por isso mesmo verdadeiramente santos. Devem portanto, com a ajuda de Deus, conservar e aperfeiçoar na sua vida a santidade que receberam" (*LG*, n. 40).

Nesse caso, cada batizado, sujeito da sua própria história, deverá contar com a maternidade da Igreja, que, pela sua tarefa educadora de Mãe e Mestra, o acompanhará no processo de evangelização rumo a uma conversão a Cristo, por meio de elementos apresentados na abordagem do primeiro capítulo desta obra, no que diz respeito às primeiras comunidades cristãs (na escuta dos apóstolos, na oração, na Eucaristia e na comunhão fraterna – At 2,42). Conforme o Papa Francisco, "em cada batizado, do primeiro ao último, atua a força do Espírito que impele a evangelizar" (*EG*, n. 119). Essa identidade e vocação é chamada pelo Concílio de "vocação a santidade" e é conferida a todos os batizados. No caso dos fiéis leigos, é uma vocação específica que deve ser sinal de esperança (cf. *EG*, n. 93).

O Papa Paulo VI, a respeito da vocação específica dos leigos, afirmou que a tarefa primeira não é considerar a instituição apenas em si mesma, mas, com um fervor evangélico, colocar em prática *atitudes cristãs* nos afazeres do mundo, isto é, a primeira ação pastoral dos leigos é o seu testemunho no mundo, nas diversas áreas profissionais, a começar pela família (cf. *EN*, n. 70). O Concílio, ao propor que os leigos inseridos em Cristo no exercício da sua vocação participem das funções de Cristo, oferece implicações concretas para a vivência da fé cristã.

Na função *sacerdotal*, "os leigos, enquanto consagrados a Cristo e ungidos pelo Espírito Santo, têm uma vocação admirável e são dotados de capacidade para que o Espírito produza neles frutos sempre mais abundantes" (*LG*, n. 34) que, com sua inserção no mundo, expressam um culto agradável a Deus Pai. Nisso, o sacerdócio dos fiéis leigos comporta duas implicações: a primeira quanto a uma vida santa na oferta de si mesmos (o culto interior), que consiste no exercício das virtudes teologais: fé, esperança e caridade. A segunda quanto ao culto sacramental, sobretudo o culto eucarístico (o culto exterior). Trata-se do culto espiritual, no exercício da fé com relação aos sacramentos, em que os leigos são chamados a realizar mediante a participação na Eucaristia. Uma participação que implica a convicta *pertença eclesial* evidenciando a sua presença na Igreja e a comunhão com Jesus Cristo, com as irmãs e irmãos, cujo testemunho se configura em um estilo de vida para tornar o Evangelho *fecundo* em todos os âmbitos da sociedade civil.

A função sacerdotal apontada por *Lumen Gentium*, n. 34, reitera o que *Lumen Gentium*, n. 10-11, afirmou anteriormente:

- Os leigos unidos à missão de Cristo são chamados a continuar seu serviço no mundo e na Igreja, em comunhão com seus pastores, para que toda a sua existência se torne um louvor espiritual agradável a Deus.

- Os fiéis oferecem o sacrifício por meio dos seus presbíteros, que agem em nome de todos os membros do Corpo de Cristo, e nele toda a Igreja oferece seu sacrifício.

Assim, compreende-se que, no ato de professar a fé e comungar do Corpo do Senhor em comunidade, "os fiéis não somente oferecem o sacrifício da vítima divina por meio dos seus sacerdotes e com estes, mas oferecem também o sacrifício da Igreja. Isso acontece de duas maneiras principais: oferecendo as oblações e oferecendo-se a si mesmo" (Congar, 1966, p. 293).

Pela função *régio-pastoral*, os leigos são chamados a transformar as estruturas do mundo conforme a força do Evangelho. Portanto, por meio de suas obras, espera-se que "procurem contribuir eficazmente para que os bens criados, segundo a ordenação do Criador e a luz de seu Verbo, sejam aperfeiçoados mediante o trabalho humano, a técnica e a cultura em benefício de todos os homens" (*LG*, n. 36). O texto convida a uma reflexão em sentido profundo, ao afirmar que somente uma existência cristã autêntica é a condição para servir Cristo, a fim de conduzir toda a criação e todas as criaturas segundo a lógica dos dons. De fato, as obras dos cristãos não são unicamente os atos do culto ou a participação interna na Igreja, mas quando são capazes de testemunhar Cristo com a vida nas realidades do mundo para modificar a ordem das coisas criadas, a fim de transformar a sociedade e suas estruturas.

Com essa reflexão, podemos distinguir três aspectos da realeza do cristão no mundo para cooperar na realização do plano de Deus, isto é, do Reino de Deus: a *obra criadora*, na qual o homem e a mulher receberam a capacidade de *dominar* para fazer crescer, multiplicar e habitar a terra, cuidando-a. Participar da *obra redentora* de Cristo que não é exercitada sobre a base do poder, mas unicamente pela via do serviço. O encontro entre o primeiro e o segundo aspecto favorece o terceiro: *a santidade* do Reino, isto é, a restauração de todas as coisas na plenitude escatológica, onde tudo estará submetido a Cristo para a glória de Deus Pai (cf. Congar, 1966, p. 324-327).

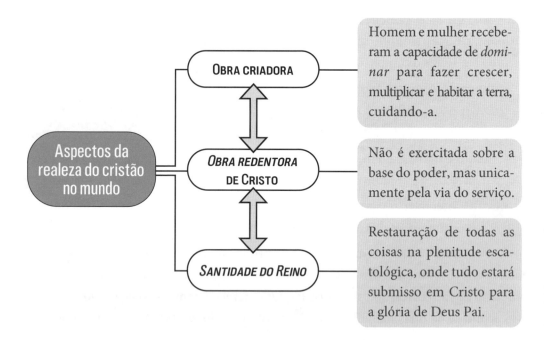

Pela função *profética*, Cristo, o profeta enviado do Pai, age também por meio dos leigos, que se tornam suas testemunhas ao receberem o fruto da fé, da graça e da Palavra que o Espírito doa (cf. At 2,17-18; Ap 19,10; LG, n. 35). Assim pode-se perceber a estreita relação entre a função profética e o anúncio da Palavra realizado por muitos homens e mulheres que em comunidade são proclamadores de uma forma ou outra da mensagem de Jesus Cristo.

Uma área privilegiada do testemunho cristão é a vida matrimonial, compreendida como exercício e escola onde a fé cristã pode ser vivenciada mais radicalmente na experiência cotidiana para o crescimento do Reino de Cristo no mundo. Onde quer que estejam, os casados são chamados a ser proclamadores da Palavra de Deus e de sua misericórdia em um mundo marcado pela injustiça e desigualdade.

O testemunho, por sua vez, está associado ao sentido da *experiência* e a seu caráter *comunitário*, e é capaz de alcançar o cotidiano da existência humana de maneira mais coerente e direta. Compreende-se o testemunho cristão como um carisma individual, mas com finalidade comunitária (cf. *DV*, n. 8, 12b). É, portanto, o modo de ser da Igreja que vai além da compreensão de si própria, mas, por intermédio de todos os batizados, atua na sua relação com o mundo para promover a transformação do ser humano. O testemunho possui uma forte dimensão missionária: "O testemunho da vida cristã é a primeira e insubstituível forma de missão" (*RM*, n. 42). Vejamos o que se diz em alguns documentos sobre o testemunho:

- O Documento de Medellín sinaliza que o *testemunho* é a forma comunitária de vida fundamentada no *amor evangélico* e na *unidade*, que tem uma linguagem ligada à vida, capaz de conduzir para uma experiência que liga fé e vida cotidiana (cf. DM, n. 8,10; 8,15; 9,7).

- O Documento de Puebla menciona que o testemunho está relacionado à *tarefa da comunidade* na promoção integral da pessoa humana, tornando-se critério da ação evangelizadora (cf. DP, n. 964-976).

- No Documento de Aparecida, o testemunho é componente-chave para a vivência da fé (cf. Dap, n. 55) e é compreendido como tarefa missionária do batizado (cf. Dap, n. 469).

Esses textos ajudam a reconhecer que os leigos participam da mesma função de Cristo, no âmbito da única missão do Povo de Deus, com *tarefas e finalidades próprias* na Igreja e no mundo. Nesse sentido, a ação evangélica desempenhada no mundo é interpretada como resposta ao chamado feito por Deus, descrita com a imagem do fermento e que precisa ser aprofundada a partir da dimensão vocacional, em que o leigo cristão é aquele que vive sua existência humana na Igreja, da mesma forma que Jesus Cristo a viveu no mundo.

A palavra "vocação" foi refletida no Concílio associada ao ser humano e à sua relação com Deus, porque "nele está depositado um germe divino" (cf. *GS*, n. 3; 11; 12; 19; 22). Em razão disso, o Concílio refletiu sobre a vocação humana e sobre seu valor central no discurso cristão, recuperando no fundamento bíblico a categoria *imago Dei* ("imagem de Deus") (cf. *GS*, n. 12). Desse modo, segundo o Concílio, "a razão mais sublime da dignidade do homem consiste na sua vocação à união com Deus" (*GS*, n. 19) e somente no mistério de Cristo o ser humano irá encontrar e esclarecer verdadeiramente o seu mistério, porque Cristo é o Homem perfeito no qual Deus quis unir-se e entrar em plena comunhão com cada ser humano (cf. *GS*, n. 22). Compreende-se que a *vocação* diz respeito ao todo da existência humana em cada ser humano.

O Concílio Vaticano II refletiu a distinção entre a vocação cristã e a vocação humana. A primeira se dá em vista da conversão à pessoa de Jesus Cristo, por meio do Sacramento do Batismo, mas é sobre a segunda que se dá o *chamado* em que cada pessoa se torna cristã. Convém explicitar que, no atual contexto, a compreensão de vocação que a maioria das comunidades possui é reduzida à figura do ministério ordenado e à vocação religiosa consagrada. Muitas comunidades perderam o sentido da experiência de vocação cristã, tanto é que nelas há uma visível dificuldade em relacionar a *fé cristã* com *chamado*, a fim de compreender a própria fé cristã como um modo de viver a sua própria vocação, isto é, compreender a fé como um estilo de vida que envolve toda a existência, o que implica o modo de *ser* e *estar* no mundo. Para isso, necessita-se compreender que a *vocação* está em relação com a totalidade da existência humana e não somente com um aspecto dela (cf. Theobald, 2011, p. 41-42).

A partir dessa reflexão, a finalidade da vocação cristã é aquela do seguimento a Cristo, no qual se forma o homem novo. Para chegar a esse objetivo, faz-se necessário compreender que a vocação cristã possui uma finalidade formativa. Nesse caso, compreende-se a vocação cristã como uma forma muito específica da vocação humana. O chamado a seguir Jesus Cristo conduz a vocação humana a cumprir a sua finalidade última. A relação entre vocação cristã e vocação humana é unida de tal modo que ambas tocam a humanidade de cada pessoa no seu sentido mais profundo.

Portanto, a vocação cristã está a serviço da vocação humana. O chamado, na perspectiva da fé, deverá despertar em cada pessoa humana a imagem perfeita que somos chamados a ser: imagem de Deus que se encontra no Homem perfeito, Jesus de Nazaré, perito em humanidade. Tanto a vocação humana quanto a vocação cristã não existem sem a *coparticipação* do Espírito, que habita ao mesmo tempo o coração dos fiéis e toda a Igreja (cf. *LG*, n. 4). Todo esse processo, como já firmamos acima, tem seu ponto de partida no Batismo.

1.2. Vocação do catequista: uma vocação enraizada no Batismo

Para aprofundar a dimensão vocacional do catequista, vamos agora debruçar-nos sobre duas importantes perspectivas de reflexão: na primeira (a) refletiremos sobre a fonte da vocação, o Sacramento do Batismo; na segunda (b) apresentaremos alguns elementos importantes a serem considerados no processo vocacional do catequista na comunidade eclesial.

A) Batismo: fonte de todas as vocações

Observamos nos evangelhos sinóticos que o Batismo de Jesus está associado ao reconhecimento e à aceitação de uma relação filial com Deus Pai e que marca o início do seu ministério messiânico. No Evangelho segundo Marcos 1,9-11, Jesus, que vai de Nazaré para o rio Jordão, *desce* as águas e é batizado por João. O descer nas águas está em paralelo com a *descida* do Espírito *sobre* ele e *dentro* dele. A vinda do Espírito sobre Jesus é acompanhada de uma voz que tem referência no Salmo 2,7: "Tu és meu filho, eu hoje de gerei". Essa linguagem do Salmo 2 é usada para a imagem do *Servo do Senhor* em Isaías 42,1, na qual a representação do servo é seguida de uma promessa: "Eis o meu servo, que eu sustento, o meu eleito, em quem tenho prazer. Pus sobre ele o meu Espírito". No Batismo, Jesus recebe o Espírito Santo e o reconhecimento de sua natureza de Filho. Dessa compreensão, no Batismo cristão existem dois fundamentos centrais: o dom do Espírito Santo em cada pessoa e a incorporação como Filho de Deus.

Jesus, o "Ungido por Deus com o Espírito Santo" (At 10,38) pelo Batismo, inicia seu ministério messiânico e recebe o título de *Cristo* ("Ungido"). O Batismo de Cristo, segundo os Padres da Igreja, foi a instituição do Batismo cristão, e a sua unção se torna a base para a unção, em sentido próprio, no Batismo cristão. Aqueles que são *ungidos em nome de Cristo* serão chamados de *cristãos*.

Outro elemento importante para nós nesse percurso se encontra no Evangelho segundo Mateus. Ele conclui sua obra com uma atribuição e uma promessa da parte de Jesus: "Toda a autoridade sobre o céu e a terra me foi entregue. Ide, portanto, e fazei que todas as nações se tornem discípulos, batizando-os em nome do Pai, do Filho e do Espírito Santo e ensinando-as a observar tudo quanto vos ordenei. Eis que estou convosco todos os dias, até a consumação dos séculos!" (Mt 28,18-20). Uma das possíveis interpretações é que o termo "ensinar" de que fala o texto é "ensinar a observar tudo o que vos ordenei", mas também pode ser compreendido como um ensinamento pós-batismal, no sentido de como deve ser a vida de uma pessoa após ter se tornado discípulo de Jesus. Compreendemos que a atividade de batizar é acompanhada daquela de fazer discípulos e que ensinar está subordinado ao fazer discípulos mediante o *Batismo* (cf. Beasley-Murray, 1963, p. 88-90).

Nessa perspectiva, podemos estabelecer a seguinte sequência: (1) *ide*, (2) *fazei discípulos*, (3) *batizar*, (4) *ensinar as tarefas e finalidades da vida cristã*. Nesse mandado missionário, encontra-se em Jesus toda a autoridade enquanto Filho de Deus. Em Jesus há a autoridade de fazer discípulos, e estes são chamados a seguir os seus mandamentos explicitados nas Bem-aventuranças (cf. Mt 5,1-12). Ele, o *Ungido de Deus*, tem toda a autoridade e continuará a estar com os seus até os confins do mundo. Aos seus apóstolos, Jesus dá a tarefa de fazerem discípulos e seguidores. O gesto para isso será o *sinal do Batismo*.

Mais uma vez no Evangelho segundo Marcos, vamos encontrar um importante elemento para a interpretação batismal nas primeiras comunidades cristãs. A perícope 14,51-52 (um jovem o seguia, e a sua roupa era só um lençol enrolado no corpo) e 16,5 (elas viram um jovem sentado à direita, vestido com uma túnica branca) faz uma alusão a quem era iniciado no cristianismo, no qual, mediante o Batismo, era assimilado na morte e ressurreição de Jesus (cf. Scroggs; Groff, 1973, p. 531-548). Uma clara mensagem de que o Batismo está associado à morte e ressurreição do Senhor. O testemunho das primeiras comunidades cristãs atesta a importância do Batismo como pressuposto da salvação e da sua conexão com a fé. Nessas comunidades, o ato do Batismo era para inserir a pessoa no Corpo de Cristo, a Igreja (cf. 1Cor 12,12-13).

Para a teologia paulina do Batismo, é fundamental que a crucificação de Cristo e o Batismo estejam em paralelo. Entre vários textos de São Paulo, escolhemos o da Carta aos Romanos. A relação com o Batismo está em estreita relação com o "anúncio da cruz" (1Cor 1,18-24) que vem desenvolvido em Romanos 6,1-11, onde a referência fundamental do Batismo é Cristo, resultado do anúncio do Evangelho, ideia aqui relacionada com "ide fazei discípulos" de Mt 28,19.

Paulo compreende a ideia de Batismo associando à morte e ressurreição de Cristo: "Pelo Batismo nós fomos sepultados com ele na morte" (Rm 6,4). Isso implica o fato de que o nosso Batismo foi mais que *em relação* à sua morte, mas foi *na* sua morte. Significa que o Batismo é mais que simples relação com a morte de Cristo, mas é uma real *participação* nela. O objetivo de Paulo é afirmar que pelo Batismo herda-se uma vida nova quando *morremos para o pecado*. "Se morremos com Cristo, temos fé que também viveremos com ele" (Rm 6,8). Na compreensão do Apóstolo, o crente batizado é envolvido na experiência única de Cristo. A ressurreição futura requer uma ressurreição presente no modo de viver. Isso implica o exercício dos dons recebidos no Batismo e que precisam ser acompanhados e formados.

Tanto é que não há participação na morte, sepultura e ressurreição de Jesus sem o Batismo. Nesse caso, a definição de Batismo, em termos de morte e sepultura, e a graça de uma vida nova se realizam com a imersão na água santificada pela ação do Espírito, à semelhança da sepultura e da ressurreição, pelas quais o crente faz a experiência. "A correspondência da ressurreição de Cristo dos mortos é constituída não pela participação na sua ressurreição, mas pela possibilidade de 'caminhar em uma vida nova', isto é, viver na novidade do Espírito" (Caspani, 2013, p. 73). O cristão não pode ser pensado fora dessa relação originária com Jesus Cristo. Portanto, cada pessoa é criada em Cristo uma nova criatura, é chamada a viver a existência humana *com* Ele e *como* Ele. Cada cristão é chamado, mediante a força do Espírito, a conformar sua vida com Cristo e com a sua condição de filho. O Batismo, sendo participação na vida de Cristo, é a condição para viver um itinerário de elaboração da resposta para Deus. Resposta esta que não é feita somente com palavras, mas com a vida feita vocação.

B) O caminho pedagógico da vocação

1) Chamado: Na dinâmica da vocação, o sujeito sempre é Deus. É ele quem toma a iniciativa de chamar (*vocare*). Seu chamado *pro-voca* aquele que a ouve e que, por sua vez, também é sujeito, porque precisa elaborar uma resposta coerente diante desta *pro-vocação* recebida. Na tradição bíblica, essa experiência acontece dentro da dinâmica chamado-resposta. Entre o chamado de Deus e a resposta humana, existe um movimento de escuta e de elaboração da resposta. Para isso, estabelece-se a necessidade de uma *pedagogia* própria, capaz de contribuir na elaboração humana da resposta. Foi assim que aconteceu com Abraão e Sara (cf. Gn 22,11), Moisés (cf. Ex 3,4), Isaías (cf. Is 6,8) e tantas outras pessoas na história da salvação.

Na tradição bíblica, escutar Deus que fala e crer nele é a mesma coisa. O crer é identificado com o escutar, e o escutar é um crer. Nesse dinamismo, o Apóstolo Paulo vai falar da *obediência da fé* (Rm 1,5). Na raiz da palavra "obediência" (em grego *hyp-akoé*) está a palavra "escuta" (*akoé*). Logo, escutar a Deus é obedecê-lo. Nesse processo, é preciso considerar que na obediência da fé se encontra uma experiência humana que conduz à *identificação* com aquela voz ouvida. Contudo, em nosso caso, escutar a Deus, essa experiência fundamental da nossa fé, exige que essa escuta certamente seja educada e desenvolvida na Igreja. Daí a importância de as comunidades possibilitarem verdadeiros itinerários de experiência vocacional para os cristãos, a partir da vocação recebida no Batismo, e sobretudo para o exercício do *ministério de catequista*, porque, nessa perspectiva, ser catequista não é uma escolha, mas é a resposta a um chamado de Deus (cf. Theobald, 2011, p. 9-18).

A comunidade cristã é o lugar da elaboração da resposta da fé que cada batizado é chamado a dar. Esse movimento não se dá de maneira isolada, mas conjuntamente, na medida em que cada um se pronuncia ou escuta a palavra do outro como a voz mesma de Deus. Sendo assim, a comunidade fraterna é a casa e a escola da vocação cristã. Na sua missão, o próprio Jesus realizou o exercício de escutar a voz do Pai (cf. Mc 1,11; 15,34; Lc 9,35). Nesse sentido, a experiência do chamado é uma profunda *experiência interior* de escuta em comunidade. Desse modo, existe uma relação muito estreita entre vocação cristã e comunidade cristã como o lugar da comunhão, onde a vocação cristã exige a comunhão, porque é no convívio em comunidade que se elabora de modo pessoal a resposta em cada pessoa.

2) Discernimento: O chamado da parte de Deus é realizado para todos, mas cada resposta é marcada pela individualidade e historicidade de cada pessoa, ou seja, homem e mulher respondem cada um a seu modo, com várias possibilidades de realização dessa vocação. É importante considerar que os caminhos para a realização da vocação são muito diversos, como na compreensão de São Paulo, que propõe três listas de dons e serviços (cf. 1Cor 12,8-10; 1Cor 12,28-30; Rm 12,6-8), que ele chamou de carismas, nos quais expressava a vocação dos membros das comunidades primitivas.

Em um processo de descoberta em profundidade da vocação humana, o discernimento não se faz sozinho e isolado, mas na necessidade de um caminho realizado na companhia de outra pessoa, que está habilitada para o acompanhamento com instrumentos capazes de contribuir para fortalecer e sustentar a capacidade de escolha do chamado. Um discernimento à luz do *Espírito* e da *Palavra de Deus*, que não impõe, antes motiva e desperta, o que na outra pessoa ela possui de melhor e que é capaz de despertar perguntas existenciais, porque somente quem tem a coragem de se colocar diante das perguntas fundamentais encontrará plenamente a sua vocação, isto é, a sua identidade. Logo, vocação é relação.

Então, vocação tem a ver com identidade, como afirma o Papa Francisco (2022): "O bom discernimento exige também o conhecimento de si". E, quando a pessoa encontra a identidade mais profunda em si, ela se humanizará, porque é o lugar e a forma como essa pessoa poderá viver o amor na direção dos outros, seus irmãos e irmãs, de modo autêntico e transformador, e que lhe possibilitará reconhecer a vocação recebida como própria e como dom de Deus. Enfim, encontrou sua missão. Em síntese, vocação está intimamente relacionada com missão.

3) Escolha: Diante de uma escolha, apresenta-se uma renúncia. Para acolher e escolher um caminho é preciso renunciar a outro. Renúncia que não pode ser vista como privação, mas como liberdade para acolher e escolher um caminho. A decisão é realizada depois do nascimento da vocação humana, experimentada sobre si mesmo. Escolha que conduz ao amadurecimento. Essa é a vocação humana, ou melhor, o caminho humano essencial no qual Deus pode doar uma vocação específica, fruto e desenvolvimento da graça batismal presente no cristão.

No entanto, ao abordar o tema da vocação, não se trata de somente falar de uma escolha, mas também de descrever de que modo a pessoa, à luz do chamado, define a sua identidade. Isso requer compreender que, antes de qualquer vocação específica, existe, segundo o Concílio, o chamado à vocação humana (cf. *GS*, n. 3). O chamado à vida é o maior dom que se recebe de Deus. Toda e qualquer vocação específica é alicerçada sobre a vocação humana.

Na base de qualquer vocação está o diálogo com Deus, e esse diálogo servirá na construção dos próprios fundamentos que iluminam a vida da pessoa. Se compreendemos a vocação a partir da dinâmica *chamado-resposta*, ela será uma iniciativa amorosa da parte de Deus para com a pessoa. Antes, porém, Deus solicita a estruturação da vida na direção dessa mesma dedicação de amor; isso é simplesmente o que todo ser humano é chamado a fazer para sê-lo até o fim. Nesse caso, cada pessoa humana é precedida de um chamado de amor da parte de Deus que torna possível a sua existência.

Eu, você, nós, que acreditamos e desejamos viver nossa fé em comunidade, somos chamados à vocação à vida, mas também somos interpelados a olhar a vida como dom e vocação. A descoberta da própria vocação está associada ao "eu", que, por sua vez, somente existe porque está em relação com o "nós". Sem a relação com o "nós", o "eu" não seria capaz de desenvolver-se em autonomia e liberdade. É dentro dessa dinâmica que a pessoa se torna adulta, quando ela é capaz de realizar a experiência a partir de si própria na direção do cuidado com o outro.

Assim, a vocação consiste não em propor, mas sim em *responder*. Essa resposta, por sua vez, é marcada pela doação de si mesmo, que pode ser traduzida no convite de Jesus aos seus como no exemplo do lava-pés (cf. Jo 13,1-20). Ele não viveu para si, mas viveu para o Pai e para os outros, sobretudo para aqueles que estavam às margens do mundo. Nesse caso, a vocação, contemplada sob essa perspectiva, ilumina a identidade da pessoa e toda a sua existência para acreditar que a transmissão da vida é o lugar por excelência da vocação humana. Um catequista por vocação é especialista no exercício da *transmissão da vida*, que é compreendida como lugar por excelência da vocação humana.

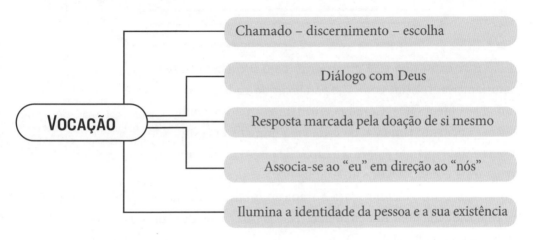

1.3. Vocação do catequista: chamado e formado para o discipulado missionário

O fato de o *motu proprio* abordar o *ministério de catequista* sob a dimensão vocacional quer provocar nas Igrejas particulares a necessidade da elaboração de um itinerário de acompanhamento da vocação dos catequistas nas suas diversas realidades. Não se nasce catequista, mas se torna catequista no exercício da fé recebida no Batismo em comunidade, por meio da escuta de um chamado. Considerar a vocação de cada pessoa na ação pastoral provoca a urgente necessidade de reconfigurar a ação evangelizadora centrando-a em "ocupar-se mais com iniciar processos do que possuir espaços" (*EG*, n. 223). Pensemos nisso!

Geralmente, em nossa práxis pastoral, sobretudo na catequese, ainda temos dificuldades em pensar processos contínuos de formação sob o pretexto de que há uma rotatividade considerável de catequistas nas comunidades e de que há certa urgência deles na evangelização. Quando não há percursos claros e definidos, apresenta-se um caminho fragmentado e superficial, que pode implicar experiências frágeis de fé e de comunidades que não favoreçam um verdadeiro percurso de amadurecimento da vocação e da fé. Tais itinerários precisam ser pensados a partir da dinâmica do chamado-resposta, *eu-Ele-nós*, isto é, a relação *catequista-Deus-comunidade*. A vocação diz respeito à vida inteira da pessoa, da sua totalidade, de uma vocação que não é para si, mas para o serviço gratuito como colaboradores do Espírito.

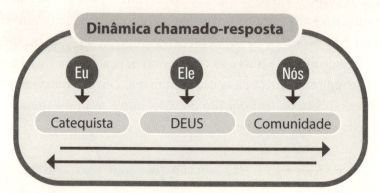

Se essa expressão está em relação com a existência, tem notoriamente relação com a *experiência* de cada pessoa e com a sua identidade. Como já afirmamos anteriormente, a experiência fundamental de cada vida humana encontra o seu sentido quando a pessoa é capaz de orientar-se a partir de uma escuta. A vocação está ligada à experiência do ato de *convocar* e *escutar*. Para a tradição bíblica, a escuta está relacionada com um chamado (*con-vocare*) que, para os cristãos, é a convocação de Deus.

> Na experiência da vocação, é o próprio Deus que se apresenta como o misterioso sujeito de um *ato de chamado* (*vocare*), denominado "vocação". É ele que se dirige a qualquer um de nós considerando-nos capazes de entender e de "obedecer" (cf. Theobald, 2011, p. 9).

Todavia, para suscitar a capacidade de escuta interior, a pessoa inevitavelmente necessita de outros que saibam escutar, porque a *con-vocação* de Deus se dá pelos mais variados caminhos. "Esta experiência fundamental da nossa fé, a escuta do chamado de Deus, deve certamente ser educada e desenvolvida na Igreja, mas como um 'campo' esperando para ser cultivado ou uma fundação sobre a qual será construída" (Theobald, 2011, p. 9). Além de o chamado estar relacionado com o todo da existência humana, ele deve ser educado e amadurecido. Nesse caso, os percursos e itinerários propostos em comunidade precisam ser planejados para contribuir na *resposta da fé* do catequista diante da convocação realizada por Deus.

Nesse processo formativo, "a vocação humana e cristã, nas suas formas sempre particulares e pessoais, não existe sem a *coparticipação* do Espírito Santo, que habita *ao mesmo tempo* o coração de cada fiel e a Igreja inteira" (cf. Theobald, 2011, p. 53). Para tanto, no centro da vocação cristã está a experiência da graça (*cháris*), que, assumida em cada pessoa, se torna dom (*chárisma*) doado pelo Espírito de maneira pessoal (cf. 1Cor 12,11). Contudo, "o Concílio apresenta os carismas como dons funcionais que tornam os fiéis de cada ordem 'aptos e prontos a assumir vários trabalhos e ofícios' para o bem da Igreja" (Vanhoye, 1990, p. 143), isto é, para a edificação do Corpo de Cristo.

Por isso a importância da dimensão formativa da vocação dos catequistas. Uma vez acolhida a vocação, ela precisa ser aprofundada e amadurecida mediante a formação, que possui um valor peculiar em seu conjunto, o que, em termos educativos, significa "habilitar a viver a fé-esperança-caridade como atitudes fundamentais da experiência cristã" (Gallo, 2002, p. 97). Convêm explicitar que o termo *formação* está ligado à tarefa da educação, que provoca um movimento de *dentro para fora*. Logo, a formação dos cristãos exige um sair de si, um confronto com a vida comunitária para acolher e encarnar o Evangelho. Para Casiano Floristán, a essência de uma comunidade cristã não está nem nas pessoas que a compõem, nem nas suas existências e experiências, mas sim no modo de aceitar o *chamado* feito por Deus em Jesus para a edificação do Reino em um determinado lugar (cf. Floristán, 1993, p. 202).

O *motu proprio Antiquum Ministerium*, número 8, estabelece que o *ministério de catequista* é um *serviço estável* prestado à Igreja local sob a guia do bispo a partir das necessidades pastorais locais. Vale recordar o que o Papa Francisco, na *Evangelii Gaudium*, afirma sobre a Igreja particular (diocese):

> Ela é o sujeito primário da evangelização, enquanto é a manifestação concreta da única Igreja em um lugar da terra, e, nela, "está verdadeiramente presente e opera a Igreja de Cristo, una, santa, católica e apostólica". É a Igreja encarnada em um espaço concreto, dotada de todos os meios de salvação dados por Cristo, mas com um rosto local (*EG*, n. 30).

É nesse local onde a Igreja tem um rosto concreto e próprio que o catequista deverá exercitar sua vocação. É nessa realidade que o bispo, o primeiro catequista em sua diocese, irá realizar um caminho de discernimento para conferir esse ministério, que será desempenhado de maneira laical conforme a sua natureza própria. A vocação à santidade dos leigos e leigas, à qual nos referíamos no início deste capítulo, implica uma comunhão concreta com aquele que Cristo escolheu para a edificação do inteiro Povo de Deus na Igreja particular, o bispo. A comunhão com o bispo é um dos fatores importantes para o exercício da ministerialidade na comunidade eclesial com caráter sinodal.

O bispo, por sua vez, tem a função de santificar, ensinar e governar (cf. *LG*, n. 25-27). Os critérios para o pastor diocesano estabelecer um itinerário formativo de acompanhamento e discernimento são oferecidos pelo próprio *Antiquum Ministerium*, no número 8, considerando seis importantes questões:

1) Pessoas de fé e profunda maturidade humana.

2) Pessoas que tenham realizado uma profunda experiência de pertença eclesial, isto é, que tenham estabilidade na comunidade.

3) Homens e mulheres acolhedores, generosos e com uma prática fundamentada na vida da comunhão fraterna.

4) Pessoas com uma formação consistente na área bíblica, teológica, pastoral e pedagógica.

5) Solícitos comunicadores da verdade da fé.

6) Pessoas com madura experiência de catequese.

Esses elementos mencionados, de uma forma ou de outra, precisam estar presentes na elaboração de itinerários formativos que contemplam o *ser*, o *saber ser com* do catequista, o *saber* do catequista e o *saber fazer* do catequista (cf. DC, n. 139-150) e que precisam integrar cinco aspectos fundamentais segundo o Documento de Aparecida: 1) o encontro com Jesus Cristo; 2) a conversão; 3) o discipulado; 4) a comunhão; 5) a missão (cf. DAp, n. 278).

Esses elementos se referem mais ao *ser* do catequista do que ao seu *fazer*. Esse *ministério* é de *colaboração* com os presbíteros e diáconos e não de suplência. Isso supõe uma dinâmica ativa na participação dos catequistas em todas as instâncias de planejamento da catequese paroquial, em comunhão com seus pastores. Indica o caminho da identidade da catequese. Nesse processo, a CNBB, preocupada em tornar cada vez mais concreto e sólido o caminho vocacional do catequista, propõe a criação de uma animação vocacional com os catequistas a fim de despertá-los, para auxiliar em um sério processo de discernimento, acompanhamento e adesão à vocação (cf. Doc. 112, n. 20).

Por sua vez, isso nos faz lembrar o que o sagrado Concílio exortou: "O sacerdócio comum dos fiéis e o sacerdócio ministerial ou hierárquico, apesar de deferirem entre si essencialmente e não apenas em grau, ordenam-se um para o outro; de fato, ambos participam, cada qual a seu modo, do sacerdócio único de Cristo" (*LG*, n. 10). Quando acreditamos nisso e nossa prática é pautada a partir da vocação que cada pessoa recebeu do próprio Deus, na liberdade do Espírito, começa-se o exercício de uma Igreja sinodal, tão desejada em nosso tempo, enriquecida pela beleza dos diversos ministérios existentes nela.

2. Nicodemos: pessoa chamada a nascer do Espírito

A inspiração de vocação na Bíblia que apresenta uma profunda conexão com o que acabamos de refletir encontra-se em Nicodemos. Ele aparece somente no Evangelho segundo João e por três vezes (3,1-21; 7,45-33; 19,38-42). É o primeiro de três personagens que se encontram com Jesus: um doutor fariseu (3,1-21), que crê sobre a base somente de sinais; uma mulher samaritana (4,4-42), cujo testemunho dá lugar ao testemunho dos samaritanos; um funcionário pagão (4,46-54), cuja fé se associa à de toda a sua casa. Nota-se ainda que somente Nicodemos possui nome, sendo que os demais são identificados a partir de questões socioculturais e religiosas. Dentro da perícope na qual acontecem os três encontros (2,1–4,54), aparecem dois termos que, ao longo do Evangelho, estarão em constante relação e tensão: *sinais* e *crer (fé)*. Os sinais que Jesus realizou fizeram com que ele fosse identificado erroneamente como um Messias reformador que os judeus aguardavam. É nesse contexto que Nicodemos, membro do sinédrio, um "notável entre os judeus", vai ao encontro de Jesus.

2.1. A convocação que Jesus faz a Nicodemos

O relato bíblico afirma que havia um *homem* que se destacava entre os judeus, membro do sinédrio. O termo "homem" relaciona Nicodemos com os versículos precedentes (cf. Jo 2,23-25). Ele, diante de Jesus, assume a atitude de vários em Jerusalém que, em virtude da festa da Páscoa, foram até o Nazareno e "creram no seu nome. Mas Jesus não tinha confiança neles, porque os conhecia a todos" (Jo 2,24). Nicodemos faz parte desse grupo. É um dos homens do grupo no qual Jesus não tinha confiança porque os conhecia. Qual é a fraqueza da fé deles, a ponto de induzir Jesus a não confiar neles? O que Jesus, que conhece o que há no coração da pessoa, vê no coração desses homens que dizem crer no nome dele?

Nicodemos, que em grego significa "vencedor do povo", é um mestre da lei e influente fariseu. Pertence ao grupo dos fariseus e distingue-se pela fidelidade à lei de Moisés e pelo zelo à tradição. É uma figura representativa, porque no diálogo que estabelece com Jesus vai falar no plural. Podemos dizer que o diálogo estabelecido com Jesus é um diálogo com os representantes da lei. Nicodemos é um homem da lei, perito em lei.

É noite quando ele vai se encontrar com Jesus. Nicodemos revela o contraste do encontro que a samaritana faz com Jesus e que acontece em plena luz do dia, mais exatamente ao meio-dia. O termo *noite* aparece seis vezes no Evangelho segundo João, sempre em um contexto negativo, onde não se pode trabalhar (cf. Jo 9,4) ou o trabalho não produz frutos (cf. Jo 21,3). Será noite também quando ele mesmo vai ao túmulo de Jesus para levar os aromas até a sepultura (cf. Jo 19,39). Ao procurar Jesus à noite, será que Nicodemos deseja o silêncio ou está com medo de ser associado a Jesus? Ou será que a noite vem a ser o símbolo da situação da pessoa? Ou será que a noite permite evocar e acessar o Mistério mais facilmente?

No relato de João (Jo 3,1-21), três vezes Nicodemos se expressa e três vezes Jesus responde. A iniciativa é de Nicodemos, mas o protagonista do discurso é Jesus. Ao encontrá-lo, Nicodemos lhe dirige a seguinte afirmação: "Rabi, sabemos que vens da parte de Deus como um mestre, pois ninguém pode fazer os sinais que fazes se Deus não estiver com ele" (3,2). Ele reconhece que Jesus é Mestre. Mas qual a compreensão que dele tem? Nicodemos é uma pessoa que tem *informações* sobre a origem de Jesus. Ao usar o termo "sabemos", Nicodemos, além de falar no plural (representando o seu grupo), dirige-se com certeza absoluta a Jesus. Vê em Jesus um mestre excepcional segundo a compreensão da lei.

No início do diálogo, Nicodemos não faz uma pergunta a Jesus, pois sua palavra é de conclusão: ele já sabe, já possui suas certezas. O risco do homem religioso de todos os tempos, às vezes, é interpretar Jesus dentro de um conhecimento já estabelecido, já tido como certo e absoluto, a partir das suas necessidades pessoais. Sua relação com Jesus é baseada em uma espécie de *admiração* e não como *imitação* que conduz para o seguimento do discipulado. Nicodemos, como muitos, ainda não compreendeu o primeiro sinal realizado em Caná (cf. Jo 2,1-11) e a novidade indicada por Jesus e consequentemente o aguarda como continuidade do passado. Chama-o de *Rabi*, que pode significar o desejo de uma verdadeira relação de fé como discípulo, mas também simplesmente como alguém que vê Jesus como um *mestre* mandado da parte de Deus.

Diante da questão imposta, Jesus se revela, mas Nicodemos não o compreende. Perante a primeira conclusão de Nicodemos, Jesus lhe oferece uma resposta: "Em verdade, em verdade, te digo: quem não nascer do alto não pode ver o Reino de Deus" (Jo 3,3). O termo "nascer" aparece oito vezes no texto, seis na boca de Jesus e duas na de Nicodemos. Essa expressão marca o centro do diálogo entre os dois. A expressão "do alto", em grego *anôthen,* também significa "de novo". Em termos de comparação, como a pessoa entra no mundo sendo gerada pelos seus pais, assim, para entrar no Reino de Deus, somente sendo *gerada* pelo Pai do céu. Esse convite ao nascimento pode ser, em linhas gerais, compreendido por nós como um profundo processo de *conversão.*

O *Reino de Deus* de que Jesus fala aparece somente duas vezes no Evangelho segundo João, pois o evangelista prefere usar a expressão *vida eterna* dada da parte de Deus. O próprio Evangelho segundo Marcos realiza essa mesma correspondência entre "entrar na vida" e "entrar no Reino" (cf. Mc 9,43.45.47). Na compreensão dos fariseus, o Reino foi inaugurado por Moisés, que teria sido o primeiro a observar a lei. Jesus não concorda com essas convicções de Nicodemos. A lei não é capaz de conduzir a pessoa humana ao nível exigido pelo Reino de Deus. Aquele que continua com a mentalidade da lei terá uma ideia deformada do Reino, porque para Jesus o Reino de Deus é uma realidade social ligada a uma profunda mudança pessoal. Por isso, para Jesus, *nascer de novo* comporta uma interrupção e um início, isto é, significa romper com o passado e começar uma *experiência* totalmente *nova,* capaz de conduzir para uma *vida nova.*

Com uma mentalidade fundamentada na lei, Nicodemos não compreende a primeira resposta e insiste, não com uma afirmação, mas desta vez com uma pergunta: "Como pode um homem nascer, sendo já velho? Poderá entrar uma segunda vez no seio de sua mãe e nascer?" (Jo 3,4). Das duas compreensões que Jesus usou na primeira vez, "de novo" e "do alto", Nicodemos compreendeu somente "de novo", que pode ser interpretada como "com as próprias forças". Nicodemos não compreende Jesus porque a lógica de vida que aplica está baseada na lei: cada um é filho do próprio passado, isto é, filho de sua própria tradição.

Na lógica de Nicodemos, é sobre essa base (tradição da lei) que a pessoa deve se desenvolver e construir sua vida. Para o fariseu, é uma ilusão pretender começar novamente. Fechando-se sobre o passado (lei), Nicodemos nega a possibilidade de que Deus possa interferir na sua história com um gesto criador capaz de *gerar.* Ao contrário, para Jesus, é possível romper com o passado e construir uma vida nova em Deus, segundo a força do Espírito (1,12-13). O fariseu Nicodemos, como o sacerdote Zacarias, pertence ao *passado,* é velho (Lc 1,18), enquanto o *novo nascimento* de que Jesus fala está em relação com o *futuro* e com a novidade que somente ele, na força do Espírito, é capaz de oferecer.

2.2. Nicodemos: uma vocação chamada a nascer do Espírito

Diante da pergunta de Nicodemos: "Como pode um homem nascer, sendo já velho?", Jesus repete a sua declaração anterior substituindo a expressão "de novo/ do alto" por "da água e do Espírito". A expressão também pode ser traduzida "da água que é o Espírito", uma referência à profecia de Ezequiel: "Borrifarei água sobre vós, e ficareis puros [...]. Dar-vos-ei um coração novo, porei no vosso íntimo um espírito novo [...]. Porei no vosso íntimo o meu espírito" (Ez 36,25-27). A Palavra "nascer", literalmente "gerar", é pronunciada seis vezes em apenas quatro versículos (cf. Jo 3,5-8). Está escrita na forma passiva porque ninguém gera a si mesmo. "Nascer do alto" significa nascer daquele que foi "elevado ao alto", isto é, de Jesus na cruz. Ele foi "levantado" para que os homens pudessem "nascer do alto", ou seja, para serem "gerados" por meio do seu "Espírito". É uma alusão do ato de Jesus na cruz, o "Homem elevado ao alto", que teve o peito transpassado pela lança, do qual saiu sangue e água (cf. Jo 19,34), símbolos do Espírito, símbolos do seu amor.

A vida definitiva começa com um "nascimento", que consiste na comunicação do "Espírito" e que dá ao homem a capacidade de um amor generoso e fiel. Toda a Bíblia traz essa ação criadora (cf. Gn 1,2) de Deus pelo seu "Espírito". Nicodemos, fechando-se no seu passado, nega a Deus a possibilidade de intervir na sua história com um gesto criador por meio do Espírito. Nesse sentido, o Espírito é uma força divina de amor, pois somente ele faz "nascer" a vida nova e somente quem nasce dele poderá entrar no Reino de Deus. O ser humano não se renova nem se realiza com a observância de uma lei externa, pois necessita de um novo princípio de vida, que tem origem na ação de Deus, o "Espírito" doado pelo "Filho elevado na cruz".

Esse "Espírito" o transforma e o torna capaz de ter uma experiência diferente, que é "renascer". Se a vida natural se deve ao sopro vital que Deus dá para os homens, assim a vida definitiva é comunicada quando Deus dá aos homens o seu "Espírito Santo". "Nascer de novo" significa libertar-se da experiência do passado, de modo que a história pessoal de cada um não se torne a base da nova vida, porque "nascer do alto" significa vir da esfera de Deus, nascer de Deus mesmo. Quem não nasce novamente não possui a ideia do que possa ser o Reino de Deus, além de viver preso em um passado, absolutizando-o como um valor inviolável.

O Reino, por sua vez, está presente na história e é visível na comunidade humana criada no dinamismo do Espírito, quando é capaz de criar uma nova relação humana. Jesus se reconhece rei desse Reino (apenas uma vez) quando o associa com a sua morte (cf. Jo 18,36). Jesus, uma vez elevado no alto da cruz, permanecerá para sempre na sua posição de rei da nova comunidade (cf. Jo 19,19). Para entrar nesse

Reino, o caminho não é o da conquista, mas sim pela via da graça do amor, com um *novo nascimento*. A metáfora do renascimento lembra a novidade daquilo que virá. O "nascimento" não é uma passagem do velho para o novo, mas sim o surgimento de uma novidade, algo completamente novo. O nascimento é um *recomeçar do início* que é a condição para entrar no Reino de Deus e compreender quem é Jesus.

Jesus continua na sua reposta a Nicodemos: "O que nasceu da carne é carne, o que nasceu do Espírito é espírito" (Jo 3,6). Carne e Espírito são contrapostos, assim como o nascimento no sentido terrestre é contraposto ao nascimento do alto. "Carne" e "Espírito" expressam dois princípios vitais da cultura da época em que o texto foi escrito. A contraposição é entre o homem em si mesmo e o homem animado pelo Espírito de Deus. "Carne" representa um conceito estático, expressa a condição humana débil, na qual a consequência última é a morte. Significa que no ser humano a criação ainda não está concluída, que ele é um ser incompleto, incapaz de realizar o projeto de Deus sobre si mesmo.

Jesus conhecia o que havia no coração das pessoas e, perante a atitude de Nicodemos e dos fariseus, vê um "estar na carne". Nessa "carne", com a descida do "Espírito" no Batismo (cf. Jo 1,32), realiza-se o Projeto de Deus. A "carne" é a lama da qual Deus forma o homem; o "Espírito" dá-lhe vida e força. A "carne" indica o homem como ele nasceu neste mundo, ao contrário de como Jesus pode fazê-lo nascer dando-lhe o "Espírito". Nicodemos concebeu toda essa ideia como uma intervenção externa.

Jesus lhe afirma que o próprio homem deve ser "Espírito", pertencente à esfera divina. O "Espírito" representa um conceito dinâmico: expressa a força vital de Deus e o homem perfeito. "Nascer do Espírito" significa viver de uma nova justiça, a de Deus e não a dos homens. Não por meio da observância da lei, mas do *crer* no Filho de Deus encarnado. O homem nascido da "carne" precisa "renascer no Espírito", ele deve repetir a mesma união realizada em Jesus, a "Palavra/Projeto" de Deus feito "Carne/Homem" (cf. Jo 1,14). Jesus diz a Nicodemos que, mesmo que pudesse, "sendo velho, nascer", isso não lhe serviria para nada, porque "aquele que nasceu da carne é carne". É preciso nascer do "Espírito", porque "se alguém está em Cristo, é nova criatura" (2Cor 5,17).

2.3. Encontrar Jesus: uma vocação que nasce da força do seu Espírito

Ao continuar o discurso, Jesus insiste com Nicodemos: "O vento sopra onde quer e ouves o seu ruído, mas não sabes de onde vem nem para onde vai. Assim acontece com todo aquele que nasceu do Espírito" (3,8). O evangelista joga com o duplo significado de "Espírito" – *pneuma* e *voz*. O primeiro significa "vento", o segundo "ruído". Nesse sentido, existe uma comparação frequente na Bíblia entre o "rumor do vento" e a "voz do Espírito" (Ecl 11,5). Não é possível ver o vento e o ruído, mas é possível constatar os seus efeitos.

Da mesma forma podemos identificar quem é gerado pelo "Espírito" sem saber quando e como isso aconteceu, observando os seus efeitos. Isso se concretiza quando a pessoa adquire uma nova maneira de olhar e viver o dom da vida e se comprometer com ela. O "hálito de Deus" sopra sobre a pessoa e não conhece fronteira, comunica a vida sem ser limitado a um povo, a uma raça específica ou a uma religião predileta. Sopra, como o "vento", onde quer. O "Espírito" criador é plenamente livre, não está ligado a nada nem a ninguém. Cada tentativa de aprisioná-lo é destinada à falência.

Quem "nasce do Espírito" não se sente fechado nos limites de um povo, de um passado ou de uma tradição. Jesus propõe a Nicodemos novos horizontes: o "Espírito" não pode ser aprisionado em uma doutrina. Quem nasce do "Espírito" está aberto ao presente e ao futuro. Nicodemos acredita que sabe ("nós sabemos"), mas o seu saber aprisiona essa força vital. Ele tentou rotular Jesus na tradição judaica, mas o "Espírito" não admite isso. O vento é comparado com a efusão do Espírito de Deus (cf. Ez 37,9).

Diante disso, Nicodemos, sem compreender, questiona: "Como isso pode acontecer?". Nicodemos insiste na perspectiva do "como" (da carne), dando a compreender que o que deve nascer é um povo de Israel reformado. Não compreende que a *regeneração* operada pelo "Espírito" é interior, *dentro de cada ser humano*. O que deve *nascer* é uma pessoa nova, como está escrito na profecia de Ezequiel: "Dar-lhes-ei um só coração, porei no seu íntimo um espírito novo" (Ez 11,19). Nicodemos é prisioneiro de uma interpretação limitada pela lei e é pouco sensível aos anúncios dos profetas, que falavam da intervenção de Deus através do "Espírito", capaz de realizar uma intervenção radical partindo do íntimo de cada pessoa. Jesus tenta introduzir Nicodemos nessa novidade que conduz à novidade do Reino de Deus, mas esse homem se iludiu tendo a certeza de que o conhecimento da lei o conduziria ao conhecimento de Deus. O apego à lei e a sua própria visão legalista o tornaram surdo diante da voz do "Espírito". Nicodemos preferiu a sua própria sabedoria (noite) à luz da Palavra de Jesus.

Na catequese dirigida a Nicodemos, Jesus afirma que, "como Moisés levantou a serpente no deserto, assim é necessário que seja levantado o Filho do Homem, a fim de que todo aquele que crer tenha nele vida eterna" (cf. Jo 3,14-15). O evangelista João relembra um episódio ocorrido durante o êxodo do Egito: a praga das cobras venenosas causada pelas reclamações do povo (cf. Nm 21,8-9). Esse episódio é interpretado no livro da Sabedoria 16,5-7. A analogia entre os dois textos é centrada no gesto de *levantar o olhar*. O relato apresenta o esquema clássico da religião: o povo peca, Deus o pune e, então, se as pessoas se arrependem, Deus as salva.

Neste caso, não há pecado de pessoas e castigo de Deus, mas só a salvação que Deus propõe por meio de seu Filho na cruz. No caso da cobra, foi vida física; no caso com o "Filho do Homem", a vida é definitiva. O que salva os homens da morte é concentrar seu olhar no modelo de nova humanidade que resplandece em Jesus. "Quando tiveres elevado o Filho do Homem, então sabereis que EU SOU" (Jo 2,28). Ele é Deus em meio ao seu povo.

A cruz torna-se um símbolo do amor sem limites da parte de Deus. Faz-se necessário compreender e aderir à cruz como projeto de uma nova humanidade inaugurada por Ele. É uma maneira completamente nova de olhar para Deus e para o ser humano. Um Deus capaz de vencer a morte pela ação dos seus filhos nascidos de maneira nova, capazes de testemunhar as opções e a vida de Jesus Cristo. A vida nascida de Deus é amor e, fora desse amor, o homem existe, mas não vive. Por isso, aquele que nasceu do "Espírito" é chamado a "acreditar" no "Filho Unigênito", que significa acreditar no modelo de humanidade que Jesus revelou. Quem desenvolve contínua e progressivamente a própria capacidade de amar tem a mesma vida que Deus.

Nicodemos desaparece dessa cena. Não ouvimos sua resposta diante da convocação feita por Jesus. Será que ele compreendeu o significado das palavras de Jesus? Será que ele aceitou o convite para nascer no alto? Não temos essa informação, que é deixada para que também o leitor realize o seu próprio itinerário. Portanto, a catequese de Jesus para Nicodemos revelou que a "escuridão" deforma a imagem de Deus em nós, mas que o Espírito é sempre o protagonista em gerar uma nova pessoa. Para isso, é preciso desejar o novo nascimento. Nicodemos retorna em João 7,50-51 e em João 19,38-42, no contexto da cruz e da sepultura de Jesus, com o gesto de levar "uma mistura de mirra e aloés" para ungir o corpo do Crucificado. Esse gesto pode ser interpretado como um reconhecimento, por parte de Nicodemos, da realeza de Jesus na cruz.

A primeira vez que Nicodemos vai ao encontro de Jesus é no contexto da Páscoa. Agora, na cruz e na sepultura, enquanto José de Arimateia fala, solicitando o corpo de Jesus (cf. Jo 19,38), Nicodemos se expressa sem nenhuma palavra, mas somente com um gesto que destaca a realeza de Jesus, no silêncio – ungir o corpo do Senhor. Um silêncio interior, talvez fruto de um longo caminho pessoal e do desejo de nascer "do Espírito". Nota-se que com esse gesto, junto a José de Arimateia, de acolher o corpo de Jesus na sepultura, Nicodemos realiza a passagem de uma fé limitada e pretenciosa, imperfeita e noturna, para uma fé da plena acolhida à luz do dia. No Evangelho segundo João, eles são os dois primeiros judeus a acolherem Jesus na sepultura, à espera da ressurreição. Nicodemos está no túmulo de Jesus antes do anoitecer. Com esse gesto, talvez ele não necessite mais das palavras, porque a sua atitude diante do corpo crucificado do Mestre é o suficiente para mostrar-lhe sua adesão.

3. Elementos de inspiração para o exercício do ministério de catequista

Como no exemplo de Nicodemos, o chamado de Deus em cada pessoa tem relação com a salvação. Estimado leitor e leitora catequista, Deus o chamou porque é no exercício deste caminho que o processo salvífico vai acontecendo na sua existência. Em outras palavras, é no exercício pessoal da vocação que Deus quer salvar você.

3.1. Catequista: chamado pela força do Espírito

Cada catequista é chamado, pela força do Espírito Santo, a conformar sua vida a Cristo na sua condição filial e a anunciar a alegria dessa vida em Cristo, a fim de que outros se sintam impulsionados a buscar essa mesma vida cristã. E é pelo Batismo que o Espírito Santo nos capacita a responder a esse chamado, não só com palavras, mas fazendo da vida vocação.

Eis o ponto central da vocação ao *ministério de catequista*: reconhecer-se chamado por Deus e responder, pela força do Espírito Santo, fazendo da própria vida vocação. É uma resposta integral, que envolve todas as dimensões da pessoa, tornando-a capaz de realmente fazer da vida vocação. Existe uma diferença muito grande em fazer da vida vocação e achar que ser catequista é fazer um favor à Igreja, ao padre, aos pais ou a qualquer outra pessoa. A vocação não é uma resposta para agradar alguém ou para adquirir qualquer tipo de *status* na Igreja. A vocação é dom do alto, dom divino, à qual só pela força do Espírito Santo conseguiremos responder de maneira coerente e apaixonada.

Com certeza cada um de nós conhece pessoas que fazem da vida "vocação" na catequese. São pessoas apaixonadas pela missão catequética, capazes de mostrar pelo brilho no olhar o quanto a vocação as torna realizadas e dá um sentido à sua vida cristã. Essas pessoas entenderam o mandado de Jesus para irmos anunciar o Evangelho, ensinando tudo que Ele ensinou enquanto estava com os discípulos pelos caminhos da Galileia, da Judeia, da Samaria. São pessoas que nasceram do alto, pela água e pelo Espírito, como Jesus disse ser necessário a Nicodemos. São pessoas que sentaram ao lado de Jesus e tiveram uma experiência tão profunda com Ele, que tudo o mais se tornou secundário, o cântaro ficou para traz, como aquele da mulher samaritana. O que importa agora é ir e anunciar que o tesouro foi encontrado, o Senhor está entre nós, e nele todas as nossas buscas encontram as respostas. Eis o catequista que fez da vida vocação.

Porém, esse nível de resposta vocacional de quem faz da vida vocação não é um passe de mágica e não acontece do dia para a noite. É um longo processo. E aqui entra a comunidade, que precisa ajudar aqueles que são chamados para a vocação de catequista a fazerem da vida vocação. É claro que o principal auxílio para a resposta vocacional é o Espírito Santo. É pela força dele que cada pessoa vai dando passos em direção a uma resposta vocacional madura.

No entanto a comunidade não pode se eximir de sua responsabilidade. É na comunidade que cada catequista vai ser educado para escutar o chamado de Deus e responder de modo coerente e consistente. Precisamos criar espaços e momentos de trocas de experiência, para que cada um vá aprendendo a reconhecer o chamado de Deus e os passos para responder a esse chamado, até fazer da vida vocação. É um caminho de acompanhamento. A nossa prática pastoral deve ser mudada de modo urgente. Em tempos em que a ação evangelizadora e a catequese devem ser pensadas dentro de processos, uma comunidade não pode admitir como sua prática comum continuar a acolher pessoas de boa vontade para a catequese sem primeiro realizar um processo formativo e de discernimento da sua vocação.

Para nos apontar caminhos nesse acompanhamento do discernimento vocacional dos futuros catequistas, vamos nos deter em algumas pistas apresentadas pelo Papa Francisco na exortação apostólica *Christus Vivit*. Aqui o Papa nos ensina que, "quando nos cabe ajudar o outro a discernir o caminho de sua vida, a primeira coisa é escutar" (*ChV*, n. 291). E, para essa escuta, três elementos são importantes (cf. *ChV*, n. 292-294):

- *Atenção à pessoa*: ouvir o outro com atenção e tempo de qualidade, como Jesus fez ao aproximar-se das crianças, de homens e mulheres que encontrava pelo caminho.

- *Saber discernir*: ajudar o outro a perceber e a separar a ação do Espírito Santo no processo que ele está vivendo, das tentações e enganos que o afastam do verdadeiro caminho vocacional.

- *Escutar e perceber a intenção última do coração da pessoa*: ajudá-la a reconhecer para onde realmente ela é chamada a ir no caminho vocacional, qual é o projeto para a própria vida que expressa a inclinação de seu coração e a vontade de Deus.

A partir desse processo de acompanhamento, escuta e discernimento vocacional, se a pessoa realmente se perceber chamada a ser catequista, então a caminhada formativa e a inserção no grupo de catequistas a ajudarão nos passos seguintes, até que chegará o momento que, pela força do Espírito Santo, ela se tornará capaz de fazer da vida vocação. E então, sim, poderá pensar em um futuro *ministério de catequista*.

3.2. Catequista: convocado pela Palavra de Jesus

Na origem de toda vocação está um encontro decisivo com Jesus, que nos *con-voca*, pela sua Palavra e pelos seus gestos, para segui-lo a fim de nos tornar discípulos missionários. Vamos nos deter um pouco na palavra "convocação". O texto-base do terceiro ano vocacional do Brasil (2022-2023) nos recorda que "toda vocação é con-vocação, ou seja, somos chamados a caminhar juntos no seguimento do Mestre e no empenho pessoal e conjunto de manifestar sua presença no mundo – configurados e conformados a ele" (Texto-Base do terceiro Ano Vocacional do Brasil, n. 22). Essa afirmação nos ajuda a compreender que a vocação pressupõe um "caminhar juntos", pois não somos *con-vocados* por Jesus isoladamente, mas ele nos conduz sempre para a dimensão comunitária da vida cristã.

Podemos dizer que a Palavra de Jesus nos convoca a segui-lo junto a outros seguidores. Temos inúmeros exemplos disso nos evangelhos. Sempre que Jesus chama alguém, essa pessoa acaba se inserindo no grupo daqueles que já haviam sido chamados anteriormente e, em alguns casos, ela vai chamar as pessoas de seu convívio para também se encontrarem com Jesus. Até em casos em que isso não é evidente no início, depois vemos acontecer. Voltemos aqui ao exemplo de Nicodemos. No início do Evangelho segundo João, vemos que esse homem vai se encontrar com Jesus à noite, sozinho, talvez às escondidas. Mas, depois da morte de Jesus, já o vemos com José de Arimateia, envolvendo o corpo de Jesus com perfumes, em faixas de linho, para a sepultura (Jo 19,38-42). Nicodemos já não está mais sozinho, já se percebeu convocado para a missão de cuidar do corpo de Jesus com José de Arimateia. E foi assim com tantos outros – Pedro e André, Tiago e João, Marta, Maria e Lázaro, Paulo e Barnabé –, todos con-vocados ao discipulado e à missão.

Vocação é con-vocação. A Palavra de Jesus nos con-voca, pois, assim como a Santíssima Trindade é comunhão, três pessoas em um só Deus, somos convocados à comunhão. Ser vocacionado é ser chamado à vida comunitária, à comunhão com Deus e com os irmãos. O catequista é convocado pela Palavra de Deus ao seu seguimento e ao anúncio dessa Palavra, mas não é convocado sozinho. Somos convocados juntos, somos um grupo de catequistas.

Também nessa dimensão da convocação pela Palavra de Jesus o catequista precisa passar por um processo e ser acompanhado na caminhada para dar a sua resposta a Deus. São dois pontos-chave nessa questão: *sentir-se con-vocado* e *perceber-se convocado* pela Palavra de Jesus. O sentir-se con-vocado, isto é, chamado junto aos outros para ser e viver em comunidade, já abordamos anteriormente. Agora vamos focar na Palavra de Jesus que convoca.

Aqui abre-se uma dimensão fundamental na vida de todo catequista, que é a escuta e a familiaridade com a Palavra de Jesus. Sem essa escuta da Palavra, sem esse diálogo contínuo com o Senhor por meio de sua Palavra, não há como perceber-se convocado nem como perseverar na vocação. É pela Palavra que somos chamados à vocação de catequistas e, somente quando permanecemos na Palavra, guardando-a no coração e transformando-a em vida, em gestos concretos, que seremos capazes de fazer da vida vocação.

Portanto, no processo formativo para a instituição dos futuros ministros da catequese, a Palavra de Deus deve ter destaque. É preciso formar e tornar-se catequistas amantes da Palavra, que tenham na Leitura Orante da Palavra a base de sua espiritualidade. Catequistas que se debrucem sobre a Palavra para estudá-la e para rezá-la, além de se deixarem ler pela Palavra, para que toda a vida e a vocação sejam fecundadas pela Palavra. No meio de tantas palavras que ressoam em nosso meio, o catequista só tem uma Palavra que é capaz de convocá-lo para a missão: a Palavra de Jesus. Só ela ocupa o centro da vida do catequista.

3.3. Vocação do catequista: colaborador do Espírito para gerar a comunidade dos seguidores de Jesus

Todo aquele que nasceu do Espírito pelo Batismo nasceu para a vida nova na comunidade dos seguidores de Jesus, a Igreja. E o catequista é um colaborador do Espírito para gerar essa comunidade de discípulos missionários. Nesse sentido, o Diretório Nacional de Catequese, ao apresentar-nos a comunidade como fonte, lugar e meta da catequese, vai nos mostrar que "o verdadeiro ideal da catequese é desenvolver o processo de educação da fé, através da interação de três elementos: o catequizando, a caminhada da comunidade e a mensagem evangélica. Quando não há comunidade, os catequistas, obviamente, ajudam a construí-la" (DC, n. 52).

Portanto, o catequista precisa ter clareza de que toda a sua ação catequética precisa conduzir os novos cristãos para a comunidade e, caso não haja comunidade, ele, como catequista, é um dos responsáveis por ajudar a construí-la. Que tarefa importante! Quanta reponsabilidade! Ser colaborador do Espírito para gerar a comunidade, como fez São Paulo no início do cristianismo.

Quem anuncia o Evangelho não pode contentar-se somente com a pregação da Palavra, pois aquele que se abre para ouvi-la e se deixa conduzir pelo Espírito forma comunidade. A Boa-nova leva à comunhão e à participação comunitária. É na capacidade de viver em comunidade que se percebe o quanto o Evangelho foi acolhido e assimilado. É um dos grandes testes de todo cristão, especialmente dos catequistas.

Por isso, é inconcebível ver alguns catequistas que realizam sua missão de maneira estática, isolada da vida da comunidade. Vão ali semanalmente para executar a tarefa de catequizar, mas não entenderam a extensão dessa missão e não conseguem fazer o elo entre os catequizandos e a comunidade. Pior do que isso: nem eles mesmos fizeram esse elo na própria vivência cristã. São agentes da catequese e não catequistas. Estão errando na meta de sua ação. Devemos caminhar na direção contrária desse tipo de prática. Nossos processos formativos precisam despertar nos catequistas a alegria de se perceberem pertencentes a uma comunidade e chamados a trazer outros para ela.

Mas poderíamos nos perguntar: não é muito mais fácil caminhar sozinhos, decidir tudo sozinhos, ser autorreferenciais? Por que Jesus nos chamou para a vida comunitária? Qual é o motivo de gerarmos comunidade em um mundo individualista, onde cada um quer se sobressair, mesmo que seja às custas da queda dos outros? Uma das respostas a essas questões nos foi dada pelo Papa Francisco, na carta encíclica *Fratelli Tutti*, sobre a fraternidade e a amizade social. Deixemos que essa resposta inunde nossos corações de esperança:

> Aqui está um ótimo segredo para sonhar e tornar a nossa vida uma bela aventura. Ninguém pode enfrentar a vida isoladamente […], precisamos de uma comunidade que nos apoie, que nos auxilie e dentro da qual nos ajudemos mutuamente a olhar em frente. Como é importante sonhar juntos! […] Sozinho, corre-se o risco de ter miragens, vendo aquilo que não existe; é junto que se constroem os sonhos (*FT*, n. 8).

Talvez seja por isso que Jesus, ao contar a parábola da ovelha perdida (Lc 15,4-7), nos ensinou que é preciso ir atrás dela, deixando as noventa e nove no deserto. Vamos refletir juntos: as noventa e nove estão juntas, seguras, na comunidade. Ali uma vai ajudar a outra, uma vai dar suporte para a outra, e todas terão a força do grupo para seguir em frente, superando os possíveis problemas do caminho. Mas aquela que está sozinha será presa fácil para todos os predadores e poderá cair em tantas armadilhas pelo caminho. Então o Bom Pastor nos ensina que é preciso ir buscá-la e trazer de volta para a comunidade. Nossos processos formativos precisam apresentar esse modelo aos catequistas, o modelo do Bom Pastor que reúne e conduz cada ovelha para o seio da comunidade de fé, fonte, lugar e meta da catequese.

4. Exercícios para aprofundar o ministério de catequista

Como nos capítulos anteriores, apresentaremos exercícios práticos cujo objetivo é contribuir com o leitor e sua formação a serviço do ministério em sua comunidade. Aqui se estabelece a associação entre os elementos apresentados na reflexão e a prática catequética (que pode acontecer tanto na reflexão pessoal quanto no grupo de catequistas).

4.1. *A partir das reflexões sobre o primeiro elemento da dimensão vocacional do* **ministério de catequista,** *vocação e convocação, identidade e missão do catequista, identifique em cada um dos pontos apresentados alguns elementos que poderiam servir de fundamento para a prática ministerial.*

• Inspirações que surgem a partir da reflexão sobre a vocação humana e a vocação cristã:

_____

_____

_____

• Elementos de destaque na reflexão sobre a vocação do catequista, uma vocação enraizada no Batismo:

_____

_____

_____

• Vocação do catequista: chamado e formado para o discipulado missionário – elementos-chave para a prática ministerial:

_____

_____

_____

4.2. *Quais os principais aprendizados que Nicodemos, pessoa chamada a nascer do Espírito, nos traz, a partir daquilo que refletimos no texto?*

• Com a convocação feita por Jesus a Nicodemos, aprendemos:

_____

_____

_____

• Com Nicodemos e sua vocação de pessoa chamada para nascer do Espírito, aprendemos:

_____

_____

_____

• Com Nicodemos, que vai encontrar-se com Jesus e dali, da força do Espírito do Senhor, nasce uma vocação, aprendemos:

_____

_____

_____

4.3. *Dentre os elementos de inspiração para o exercício do* ministério de catequista, *quais foram os que mais chamaram sua atenção? Como esses elementos podem ser incorporados em sua prática catequética?*

O catequista: chamado pela força do Espírito

Catequista, convocado pela Palavra de Jesus

Vocação do catequista: colaborador do Espírito para gerar a comunidade dos seguidores de Jesus

MOMENTO CELEBRATIVO

Após o estudo do capítulo 3 (individualmente ou no grupo de catequistas), o coordenador ou a equipe de coordenação do grupo preparará um momento celebrativo, conforme as orientações a seguir.

Recursos necessários (providenciar antecipadamente)

- 1 bacia com água.
- 1 Bíblia.
- 1 imagem de Jesus.
- 1 cartaz com a frase "Igreja: Corpo de Cristo".
- 1 tira de papel para cada participante.

Preparação do ambiente

- Colocar as cadeiras em círculo.
- No dia da celebração, colocar em uma mesa, no centro da sala, a bacia com água, a Bíblia e a imagem de Jesus. Ao lado da imagem de Jesus, colocar o cartaz com a frase: "Igreja: Corpo de Cristo".

Celebração

- Acolher a todos com alegria, entregando a cada um uma tira de papel.
- Informá-los de que o papel será usado em momento oportuno.
- Pedir que os participantes contemplem por alguns instantes os objetos que estão sobre a mesa.
- Após esses momentos de silêncio e contemplação, refletir sobre as questões a seguir:

  1) Que impressões a água, a Bíblia, a imagem de Jesus e a frase ("Igreja: Corpo de Cristo") trazem ao seu coração? O que esses símbolos têm a ver com sua vida?

  (Após uns instantes de reflexão pessoal, deixar tempo para que conversem em duplas sobre as questões.)

2) Todos farão a leitura do texto a seguir:

> A água é símbolo do Espírito. *Água* e *Espírito* estão unidos quando se produz o novo nascimento. O Espírito age por meio da água. Nesse sentido, a água tem a função de símbolo do Espírito. No Evangelho segundo João, identifica-se o nascimento da água e do Espírito (3,5) com o nascimento do alto (3,3), que contrapõe a ideia de nascimento da carne apresentada por Nicodemos (3,4). Nesse sentido, somente o Espírito de Deus é que pode provocar um novo nascimento e transmitir uma nova vida. A água é a ocasião, e o Espírito é o mediador do novo nascimento. O Espírito, sendo livre (3,8), age na e através da água. Em nossa perspectiva, poderíamos dizer que a água é o instrumento da fé na realidade revelada por Jesus. A água pode ser interpretada como o símbolo daqueles que creem em Jesus e daqueles que não creem em seu nome. Então para João o primado está no crer em Jesus. A reflexão batismal oferecida pelo evangelista é *filiação* e *presença* do Espírito para nascer em uma vida nova em Cristo. Esses mesmos elementos se encontram na teologia paulina.

• Após a leitura, procurem responder à seguinte questão:
  – como a água pode ser associada à vocação do catequista?

(Após uns instantes de reflexão pessoal, deixar tempo para que conversem em duplas sobre a questão.)

3) Olhando para a Sagrada Escritura, cada um vai procurar relembrar: como se sentiu convocado para ser catequista? Qual ou quais as passagens bíblicas que foram marcantes nessa convocação? Responderá a essas perguntas na tira de papel que recebeu na chegada.

(Após uns instantes de reflexão pessoal, deixar tempo para que conversem em duplas sobre a questão.)

4) Ao contemplar a imagem de Jesus e a frase: "Igreja: Corpo de Cristo", nos perguntemos: como catequista, de que forma posso colaborar com o Espírito Santo para gerar para a comunidade os novos membros para o Corpo de Cristo? De que forma me sinto parte desse Corpo?

(Após uns instantes de reflexão pessoal, deixar tempo para que conversem em duplas sobre a questão.)

Momento orante

- Quando todos finalizarem as etapas anteriores, o dirigente reunirá o grupo ao redor da mesa e pedirá que tragam a tira de papel.
- Após uns instantes de silêncio, cada um será motivado a colocar as mãos na água, para renovar sua vocação batismal.
- Em seguida, cada um deverá ler a frase que escreveu na tira de papel e agradecer a Deus pelo chamado à vocação de catequista. As frases serão colocadas ao redor da Bíblia.
- No terceiro momento, o dirigente orientará que todos se deem as mãos e rezem juntos a oração do Pai-nosso, pedindo que o Pai fortaleça cada vez mais as relações na comunidade catequética. Ao fim da oração, cada um dirá seu nome, e em seguida todos dirão: **Obrigado(a), Senhor, porque chamastes** _____ (*dizer o nome da pessoa*) **para fazer parte da nossa comunidade**.
- O dirigente finalizará o momento orante pedindo para todos rezarem a oração da Ave-Maria e cantarem uma música, previamente escolhida e adequada ao contexto da oração.
- Se for oportuno, poderá ser organizado um lanche após a celebração.

Referências

ALBERICH, E. *Catechesi e prassi ecclesiale*: identità e dimensioni della catechesi nella Chiesa di oggi. Torino: Elledici, 1990.

ALBERICH, E. *Catequese evangelizadora*. São Paulo: Salesiana, 2004.

BEASLEY-MURRAY, G. R. *Baptism in the New Testament*. London: MacMillan, 1963.

BENTO XVI. *Exortação apostólica Verbum Domini*, 30 de setembro de 2010. *In: AAS* 102, 2010.

BOFF, L. *O rosto materno de Deus*: ensaio interdisciplinar sobre o feminino e suas formas religiosas. Petrópolis: Vozes, 1979.

CASPANI, P. *Renascer da água e do Espírito*: Batismo e Crisma; sacramentos da iniciação. São Paulo: Paulinas, 2013.

CNBB. *Critérios e itinerários para a instituição do ministério de catequista*. Brasília: CNBB, 2023. (Documento da CNBB 112).

CNBB. *Diretório Nacional de Catequese*. Brasília: CNBB, 2006. (Documento da CNBB 84).

CELAM. *Documento de Aparecida*: texto conclusivo da V Conferência Geral do Episcopado Latino-Americano e do Caribe: 13-31 de maio de 2007. Brasília/São Paulo: CNBB/Paulus/Paulinas, 2007.

CELAM. *Documento de Medellín*: conclusões; a Igreja na atual transformação da América Latina à luz do Concílio. São Paulo: Paulinas, 1998.

CELAM. *Documento de Puebla*: conclusões; evangelização no presente e no futuro da América Latina. São Paulo: Loyola, 1979.

CELAM. *Documento de Santo Domingo*: nova evangelização, promoção humana e cultura cristã. *In: Documentos do Celam*. Petrópolis: Vozes, 1993.

COMISSÃO EPISCOPAL PASTORAL PARA OS MINISTÉRIOS ORDENADOS E A VIDA CONSAGRADA – CNBB. *Vocação*: graça e missão – texto-base do 3º Ano Vocacional do Brasil. Brasília: CNBB, 2022.

CONGAR, Y. *Per una teologia del laicato*. Brescia: Morcelliana, 1966.

CONGREGAÇÃO PARA O CLERO. *Diretório Geral para a Catequese*. São Paulo: Loyola, 1998.

CURRÒ, S. Catechesi, senso dell'umano e Parola di Dio. La prospettiva antropológica. *In*: *Note di Pastorale Giovanile*. Disponível em: https://www.notedipastoralegiovanile.it/index.php?option=com_content&view=article&id=417:catechesi-senso-dellumano-e-parola-di-dio-la-prospettiva-antropologica – Acesso em: 19 fev. 2024.

DEL GAUDIO, D. *Maria de Nazaré*: breve tratado de mariologia. São Paulo: Paulus, 2016.

FLORISTÁN, C. Comunità di base. *In*: SEVESO, B.; PACOMIO, L. (org.). *Enciclopedia di Pastorale*. Casale Monferrato: Piemme, 1993. v. 4.

FLORISTÁN, C. *La Iglesia comunidad de creyentes*. Salamanca: Sígueme, 1999.

FLORISTÁN, C. *Teología práctica*: teoría y praxis de la acción pastoral. Salamanca: Sígueme, 2009.

FORTE, B. *La Chiesa icona della Trinità*: breve eclesiologia. Brescia: Queriniana, 1984.

FRANCISCO. *Carta apostólica em forma de motu proprio Antiquum Ministerium*: pela qual se instituiu o ministério do catequista. Brasília: CNBB, 2021.

FRANCISCO. *Carta encíclica Fratelli Tutti*: sobre a fraternidade e a amizade social. São Paulo: Paulus, 2020.

FRANCISCO. *Catequeses sobre o discernimento 4*: os elementos do discernimento; conhecer-se a si mesmo. Audiência geral de 5 de outubro de 2022. Disponível em: https://www.vatican.va/content/francesco/pt/audiences/2022/documents/20221005-udienza-generale.html – Acesso em: 24 abr. 2024.

FRANCISCO. *Encontro na Sala Paulo VI com os membros do "Serviço para as Células Paroquiais de Evangelização"*, 18 de novembro de 2019. Disponível em: //www.vaticannews.va/pt/papa/news/2019-11/papa-francisco-celulas-paroquiais-evangelizacao. html – Acesso em: 22 maio 2023.

FRANCISCO. *Exortação apostólica Evangelii Gaudium*: sobre o anúncio do Evangelho no mundo atual. Brasília: CNBB, 2013.

FRANCISCO. *Exortação apostólica pós-sinodal Christus Vivit*. São Paulo: Paulinas, 2019.

FRANCISCO. *Meditações matutinas na Santa Missa celebrada na capela da Domus Sanctae Marthae*: os tempos mudam. 2015. Disponível em: https://www.vatican.va/content/francesco/pt/cotidie/2015/documents/papa-francesco-cotidie_20151023_os-tempos-mudam.html – Acesso em: 18 maio 2023.

GALLO, L. A. La vita Cristiana. *In:* MEDDI, L. (org.). *Diventare cristiani*: la catechesi come percorso formativo. Napoli: Luciano Editore, 2002.

GEVAERT, J. Esperienza. *In*: *Dizionario di Catechetica*. Torino: Elledici, 1987.

GEVAERT, J. *Il dialogo difficile*: problemi dell'uomo e catechesi. Torino: Elledici, 2005.

GEVAERT, J. *La dimensione esperienziale della catechesi*. Torino: Elledici, 1984.

HAINZ, J. Koinonia. *In:* BALZ, H.; SCHNEIDER, G. (org.). *Dizionario esegetico del Nuovo Testamento*: introduzione allo studio della Bibbia, suplementi 15. Brescia: Paideia, 2004.

JOÃO PAULO II. *Exortação apostólica Catechesi Tradendae*, 16 de outubro de 1979. *In*: *AAS* 71, 1979.

JOÃO PAULO II. *Exortação apostólica Christifideles Laici*, 30 de dezembro de 1988. *In*: *AAS* 81, 1989.

KASPER, W. Iglesia como communio. *In: Teología e Iglesia*. Barcelona: Herder, 1989.

KLOSTERMANN, F. *Chiesa*: evento e istituzione; riflessioni sulla problematica del potere e dell'istituzione nella Chiesa. Assisi: Cittadella, 1976.

KLOSTERMANN, F. Teologia pastorale generale della comunità. *In*: KLOSTERMANN, F.; GREINACHER, N.; MÜLLER, A.; VÖLKL, R. (org.). *La chiesa locale*: diocesi, parrocchie, gruppi comunitari. Roma/Brescia: Herder/Morcelliana, 1970.

LADARIA, L. F. *Introdução à antropologia teológica*. São Paulo: Loyola, 2016.

LATOURELLE, R.; FISICHELLA, R. (org.). *Dizionario di Teologia Fondamentale*. Assisi: Cittadella Editriche, 1990.

MATEOS, J.; BARRETO, J. *O Evangelho de São João*: grande comentário bíblico. São Paulo: Paulus, 1999.

MEDDI, L. *Catechetica*: una introduzione. Bologna: EDB, 2021.

MEDDI, L. La forma missionaria della Chiesa. Istanze dalla prassi pastorale. *In*: AIOSA, C.; GIORGIO, G. (org.). *Credo la santa Chiesa cattolica, la comunione dei santi*. Bologna: EDB, 2011.

MEDDI, L. La pratica dei segni dei/per i tempi, cuore della pastorale missionaria? *Catechesi* 2, 2017. Disponível em: https://www.academia.edu/45612809/_2017_La_pratica_dei_segni_dei_per_i_tempi_cuore_della_pastorale_missionaria – Acesso em: 23 abr. 2024.

MIRANDA, M. de F. É possível um sujeito eclesial? *Perspectiva Teológica* 119, 2011, p. 55-82.

NANNI, C. *Antropologia pedagogica*: prove di Scrittura per l'oggi. Roma: LAS, 2002.

PAULO VI. *Discurso do Papa Paulo VI na última sessão pública do Concílio Vaticano II*. 7 de dezembro de 1965. Disponível em: https://www.vatican.va/content/paul-vi/pt/speeches/1965/documents/hf_p-vi_spe_19651207_epilogo-concilio.html – Acesso em: 30 jan. 2023.

PAULO VI. *Exortação apostólica Evangelii Nuntiandi*, 8 de dezembro de 1975. *In*: *AAS* 68, 1976.

PHILIPS, G. *I laici nella Chiesa*. Milano: Vita e Pensiero, 1956.

PONTIFÍCIO CONSELHO PARA A PROMOÇÃO DA NOVA EVANGELIZAÇÃO. *Diretório para a Catequese*. São Paulo: Paulus, 2020.

SCANZIANI, F. Introduzione. Gaudium et Spes: nel conflito delle interpretazioni. *In:* NOCETI, S.; REPOLE, R. *Commentario ai documenti del Vaticano II*. Bologna: EDB, 2020.

SCROGGS, R; GROFF, K. I. Baptism in Mark. Dying and Rising with Christ. *Journal of Biblical Literature* 92, 1973.

SEVESO, B. *La pratica della fede*: teologia pastorale nel tempo della Chiesa. Milano: Edizioni Glossa SRL, 2010.

THEOBALD, C. *L'avvenire del Concílio*: nuovi approcci al Vaticano II. Bologna: EDB, 2016.

THEOBALD, C. *Vocazione!?* Bologna: EDB, 2011.

TILLARD, J.-M. *Chiesa di chiese*: l'ecclesiologia di comunione. Brescia: Queriniana, 2005.

VANHOYE, C. A.; LATOURELLE , R. (orgs.). *Dizionario di Teologia Fondamentale*. Assisi: Cittadella Editriche, 1990.

VIGNOLO, R. *Personaggi del Quarto Vangelho*: figure della fede in San Giovanni. Milano: Glossa, 1994.

Conecte-se conosco:

f facebook.com/editoravozes

⌾ @editoravozes

𝕏 @editora_vozes

▶ youtube.com/editoravozes

✆ +55 24 2233-9033

www.vozes.com.br

Conheça nossas lojas:
www.livrariavozes.com.br

Belo Horizonte – Brasília – Campinas – Cuiabá – Curitiba
Fortaleza – Juiz de Fora – Petrópolis – Recife – São Paulo

Vozes de Bolso

EDITORA VOZES LTDA.
Rua Frei Luís, 100 – Centro – Cep 25689-900 – Petrópolis, RJ
Tel.: (24) 2233-9000 – E-mail: vendas@vozes.com.br